Johann Jakob Sperli

1794–1843

Kupferstecher und Aquarellist
von Kilchberg

Lucas Wüthrich

Johann Jakob Sperli

Kupferstecher und Aquarellist

von Kilchberg

Lucas Wüthrich

Johann Jakob Sperli

1794–1843

Kupferstecher und Aquarellist

von Kilchberg

Im Jubiläumsjahr 1962 hat die Schweizerische Bankgesellschaft die Basis geschaffen für ihre seither tätige *Jubiläums-Stiftung*. Das von der Stifterin in zwei Etappen auf 25 Millionen Franken angehobene Kapital hat es möglich gemacht, in dreissigjähriger Kontinuität schweizerisches Kulturschaffen in seiner ganzen Vielfalt zu fördern und anzuregen.

Die gegenwärtigen Mitglieder des Stiftungsrates danken im Namen der Stiftung, aber auch im Namen ihrer Amtsvorgänger für eine aussergewöhnliche Chance und Herausforderung, während drei Jahrzehnten im *Bereich schweizerischer Kultur* Ermunterung auszusprechen, Zeichen zu setzen und Wege zu öffnen. Die schwierige Aufgabe blieb dabei stets, in der Interpretation kulturellen Schaffens Vergangenheit, Gegenwart und Zukunft gleichgewichtig zu berücksichtigen.

Nicht nur in seinem Beruf, sondern ebenso in den Begegnungen mit eigener und fremder Kultur ist der Mensch ein *lebenslang Lernender*. Dieser Auftrag wird noch imperativer, wenn man sich als Dozierender oder Begutachter, als Mitglied einer Jury oder Aufsichtsinstanz immer wieder exponiert sieht.

Die Pflicht zur fortgesetzten Ausbildung mag mitgewirkt haben, dass die SBG-Stiftung das Jubiläum der dreissigjährigen Existenz benützt, für einmal aus der zugedachten Rolle herauszutreten. Das bedeutet: Selbst etwas zu leisten, statt die Leistung Dritter zu würdigen. Selber Kreativität nachzuweisen, statt zu wägen, zu erwägen und allenfalls auszuzeichnen schien dem Stiftungsrat mindestens einen Versuch wert. Ein Jubiläumsbuch war das Ergebnis dieser Anstrengungen. Ob der Versuch geglückt ist, mögen die Adressaten entscheiden, denen in Dankbarkeit der vorliegende Bildband über die Kilchberger Johann Jakob Sperli, Vater und Sohn, gewidmet sein soll. Die Adressaten sind die Schweizerische Bankgesellschaft, von der das Stiftungskapital und die administrative Assistenz stammen, aber auch viele Persönlichkeiten und Institutionen, die als Partner unserer Vergabungspraxis vielfältig mitgewirkt haben. Schliesslich ist die Öffentlichkeit aufgerufen, sich zu unserem Jubiläumsakt über blosse Kenntnisnahme hinaus zu äussern.

Die Jubiläums-Stiftung der Schweizerischen Bankgesellschaft richtet ihren grossen Dank an den Autor *Lucas Wüthrich* für eine beispielhaft gründliche Forschung und an die mit der Gestaltung beauftragte *Offizin Wolfau* für das eindrückliche Ergebnis perfektionistischer Qualitätsansprüche. Den zahlreichen weiteren Freunden und Instanzen, die mit Rat und Tat zum Gelingen beitrugen, gilt gleichermassen ein herzliches Dankeschön.

Im Namen des Stiftungsrates «Jubiläums-Stiftung der Schweizerischen Bankgesellschaft»

Robert Holzach

Zürich, im Dezember 1992

Die vorliegende Monographie über Johann Jakob Sperli, Vater und Sohn, hat ihre Wurzeln im 15. Neujahrsblatt für die Gemeinde Kilchberg von 1974. Damals wie heute ein Glücksfall, dass sich für dieses besondere Unternehmen ein Fachmann mit reicher Erfahrung gewinnen liess. Dr. Lucas Wüthrich ist der Spezialist für topographische Druckgraphik, bekannt vor allem durch seine Arbeiten über Matthæus Merian d. Ä. Er war lange Jahre am Schweizerischen Landesmuseum als Konservator für Malerei und Graphik beschäftigt und entwickelte hier auch eine starke publizistische Tätigkeit, unter anderem als Redaktor der «Zeitschrift für Schweizerische Archäologie und Kunstgeschichte». Er war der Autor jenes Neujahrsblattes und ist auch der Verfasser des hier vorgestellten Werks.

Die kleine Schrift von 1974, die ohne das schon damals weitgehend erarbeitete Verzeichnis der Stiche gedruckt werden musste, sollte als Vorstufe zu einer umfassenden Publikation dienen. Die Umstände waren in der Folge für dieses Vorhaben aber ungünstig; die Ausführung musste auf unbestimmte Zeit verschoben werden. Jetzt, da Dr. Wüthrich seit kurzem im Ruhestand lebt und vom Druck der beruflichen Arbeit befreit ist, konnte ich ihn dazu ermuntern, sich erneut diesem Thema zuzuwenden. Die inzwischen aufgefundene Serie von sehr schönen Aquarellen, besonders jene aus dem Hessischen Landesmuseum in Darmstadt, rechtfertigen allein schon das Unterfangen, Sperli aus der völligen Vergessenheit herauszuholen und ihm eine umfassende Würdigung zu widmen.

Mir als Kilchberger Bürger war der Name Sperli schon lange ein Begriff, und durch meine Stichsammlung, worin sich eine ganze Anzahl von Sperlis Werken findet, wurde ich früh auf die Qualität dieses Stechers aufmerksam.

Deshalb freue ich mich besonders, dass sein Werk nun den ihm gebührenden Platz bekommt.

Der Umstand, dass Sperli in Kilchberg geboren wurde und auch lebenslang Bürger von Kilchberg blieb, hat sich für diesen Künstler ja eher negativ ausgewirkt. Es war ihm verwehrt, sich in der Stadt Zürich zu etablieren. Als Aussenseiter war er wohl im Wettkampf mit den anerkannten Stechern der Stadt immer benachteiligt. Um so bewunderungswürdiger ist, dass er in seiner lebenslangen Bedrückung ein solches Œuvre hatte schaffen können, welches keineswegs geringer ist als dasjenige seiner Konkurrenten. Es lag deshalb auf der Hand, dass die Gemeinde Kilchberg, das heisst ihre ortsgeschichtliche Kommission, deren Mitglied ich damals war, es 1974 unternahm, ihren Bürger mit einer ersten Denkschrift zu ehren.

Die Tatsache, dass die Jubiläums-Stiftung der Schweizerischen Bankgesellschaft mit Herrn Dr. Robert Holzach sich gewinnen liess, das vorliegende überarbeitete und erweiterte Manuskript zur Drucklegung zu übernehmen, ist als grosses Privileg zu werten. Mit einem bedeutenden Druckkostenzuschuss hat diese Institution es möglich gemacht, dass der Band in einer beispielhaften und bibliophilen Ausstattung erscheinen kann. Alle Kunstfreunde werden denjenigen, die sich dieser Publikation annahmen, ganz besonderen Dank wissen. Dank gebührt auch den Leihgebern, welche ihre Schätze zur Reproduktion zur Verfügung gestellt und damit zum Glanz dieser Buchausgabe beigetragen haben.

Dem Werke Sperlis, so wie es uns hier in eindrücklicher Weise vor Augen geführt wird, wünsche ich die Beachtung, die es verdient.

René E. Felber

Einleitung

Zu den Künstlern des Raumes Zürich, die in der ersten Hälfte des 19. Jahrhunderts als Hersteller von Veduten in Aquatintamanier einen guten Namen hatten, gehört neben mehreren anderen und meist bekannteren auch Johann Jakob Sperli. Zur Unterscheidung von seinem gleichnamigen und ebenfalls als Stecher tätigen Sohn fügt man seinem Namen «der Ältere» bei. Den beiden Sperli, Vater und Sohn, ist bisher erst *eine* Würdigung in der Kunstgeschichte zuteil geworden mit einem Eintrag in Brun's Schweizerischem Künstler-Lexikon (Band 3, Frauenfeld 1913, S. 188). Leider ist der vom Sammler und Kunsthändler Heinrich Appenzeller verfasste Artikel mit einigen falschen Angaben durchsetzt, und das dem biographischen Teil angeschlossene Werkverzeichnis ist sehr rudimentär. Es rechtfertigt sich, dem älteren Sperli in einem nicht bloss kunstgeschichtlichen, sondern auch sozialgeschichtlichen Rahmen eine Untersuchung zu widmen und dabei die von Appenzeller verbreiteten Irrtümer zu berichtigen.

Dadurch dass die Schweiz im 18. Jahrhundert zum begehrten Reiseland für die privilegierten Stände des Auslands, vor allem aus England, Frankreich und Deutschland, wurde, hat sich zusammen mit der beginnenden Hotellerie und dem sich sehr verbessernden Verkehrswesen eine auf diese Klientel ausgerichtete Kleinvedutenkunst entwickelt, die schon in ihrer ersten Phase mit Johann Ludwig Aberli (1723–1786) und seiner Schule einen europäisch beachteten Höhepunkt erlebte. Nach 1800 verflachte diese Kunst stufenweise, wobei die bis dahin mehr künstlerische Wiedergabe der natürlichen Landschaft dem Streben nach Echtheit und Exaktheit Platz machte. Neben der linearen Manier der Radierung, besonders der mit der Kolorierung in Aquarellfarben verbundenen Umrissradierung, entwickelten sich nach der Jahrhundertmitte neue druckgraphische Methoden, mit

denen sich in malerischer Weise Tonwerte wiedergeben
liessen. Durch die allgemeine Verkleinerung des Formats
in den ersten Jahrzehnten des 19. Jahrhunderts entstand
eine sich in alle Schichten verbreitende billige Veduten-
kunst, die dann nach der kurzen Periode des Stahlstichs
und der etwas länger währenden des Holzstichs sowie der
sich seit 1860 erst langsam, bald aber total durchsetzenden
Photographie in das bis heute andauernde Zeitalter der
einfarbigen und bunten Ansichtskarte einmündete. Die
Lithographie, erfunden kurz vor 1800, ging nebenher
ihren eigenen Weg und entwickelte sich hauptsächlich zur
Reproduktionsgraphik. Für Sperli und seine Zeitgenossen
war die Aquatinta massgebend, ein relativ aufwendiges
Verfahren. Die Blütezeit der Aquatinta in der Schweiz
erstreckt sich über eine Zeit von rund 70 Jahren; sie setzt
um 1780 ein und währt bis gegen 1850, mit einer Spitze in
den zwanziger und dreissiger Jahren des 19. Jahrhunderts.
Für die Industrialisierung der Vedutenproduktion hat die
Aquatintamanier als erste die Voraussetzung geschaffen;
sie ist demnach nicht allein vom künstlerischen, sondern
auch vom soziologischen Standpunkt aus zu betrachten.

Was im 17. Jahrhundert schon die Schabkünstler oder
Mezzotinter versucht hatten, vom Linearen zum Flächi-
gen in der Druckgraphik zu gelangen, ist erst den
Meistern der Aquatinta, rund hundert Jahre später, in
technisch befriedigender Weise gelungen. Die in ihrem
Darstellungsskelett mit dem Mittel der Radierung vor-
bereitete Platte aus Kupfer, Zink oder verstähltem Eisen
wird in einen Staubkasten gelegt. In diesem wirbelt man
mittels eines Flügelrads oder Blasebalgs säurefesten Kolo-
phonium- oder Asphaltstaub auf und lässt diesen als feines
Korn beziehungsweise engmaschiges Netz auf die noch
nicht geätzte Platte niederfallen. Durch leichtes Erwärmen
und Anschmelzen verbindet sich der Staub mit der Platte

und wird zur porösen Schicht. Durch die Ätzung, die nur in den Lücken zwischen den Staubkörnern vor sich gehen kann, wird die Platte mit einem ziemlich gleichmässigen Raster versehen, der je nach der Struktur des Korns und dem Anschmelzungsgrad gröber oder feiner ausfällt. Auf die erste kurze und nur einen schwachen Ton bewirkende Ätzung werden alle jene Stellen abgedeckt, die den ersten, hellen Ton behalten sollen. Die nicht abgedeckten Partien werden nochmals geätzt, wodurch eine tiefere Tönung entsteht. Durch Abdecken und wiederholtes Ätzen können im Prinzip beliebig viele Töne erzeugt werden, meist sind es deren vier bis fünf. Des Künstlers Aufgabe ist es, für jede Fläche die gewünschte Tönung von vornherein zu bestimmen. Die Aquatinten des 19. Jahrhunderts weisen im Gegensatz zu den frühen aus dem späten 18. Jahrhundert meist ein sehr feines Korn auf, so dass es von blossem Auge kaum mehr wahrgenommen werden kann und praktisch der Eindruck eines Grisaillebildes entsteht. Als Luxus wurde die Aquatinta koloriert, was sie jedoch im Grunde genommen ad absurdum führt, weil mit der Färbung die Tönung, die man immerhin auf eine ziemlich komplizierte Art erreichte, weitgehend wieder zugedeckt wird. Der eigentümliche Reiz einer Aquatinta ist nur im unkolorierten Zustand zu empfinden. Anders verhält es sich bei den sogenannten Zwei- oder Mehrtondrucken, wo der Himmel blau, die Landschaft schwarz, grün oder braun eingefärbt wird und wo keine manuelle Kolorierung das dem Farbstich verwandte Druckverfahren stört.

Der ältere Sperli begann, offenbar unter dem Eindruck der finanziellen Möglichkeiten der Fremdenkunst, um 1815 sich für die Produktion von Aquatinten in eigener Regie zu interessieren. Von wem die Anregung ausging, weiss man nicht, ebensowenig wo und wie er sich die nötigen kunsthandwerklichen Fähigkeiten aneignete. Ein Zug zum Künstlerischen beziehungsweise zum Kunsthandwerklichen scheint in der Familie schon ausgebildet gewesen zu sein. So hat man Kenntnis von Vertretern der Kilchberger Sperli, die Modelstecher waren. Das offenbar etwas leichtlebige und unbeständige Temperament der Familie mag die Neigung zum Künstlertum unterstützt haben.

Die Vorfahren des älteren Sperli

Wie man aus Gottlieb Binders «Geschichte der Gemeinde Kilchberg» (2. Ausgabe, Kilchberg 1948, S. 61–62) entnehmen kann, sind die Sperli in der Mitte des 16. Jahrhunderts aus Zumikon, wo sie damals noch Spery hiessen, über Wollishofen nach Kilchberg gekommen. Sie haben sich im Mönchhof, der in jener Zeit ein Lehen des Klosters Kappel war, niedergelassen. Die ersten Sperli in Kilchberg betrieben Landwirtschaft. Das Geschlecht war nie besonders zahlreich; mehrere wanderten aus, einige zogen in fremde Dienste; kaum einer trat durch besondere Leistungen hervor, es sei denn, er habe dem Staatswesen als Offizier der Miliz oder als Geschworener in Rechtssachen gedient. Neben den Gutsverwaltern und Pächtern gab es Fischer, Handwerker und Wirte.

Die Vorfahren der Künstler lassen sich seit dem späten 17. Jahrhundert genau erfassen. Auf einen Hans Rudolf Sperli-Sperli aus dem Mönchhof (1687– nach 1727) folgt ein Lieutenant Hans Jakob Sperli-Welti (1725–1770). Dessen Sohn Johannes Sperli (1750–1818) wurde Wirt zu Bendlikon an der heutigen Seestrasse; er trug in späteren Jahren den Titel eines «Altgeschwornen». Seine zweite Frau, Susanna Weinmann von Meilen, schenkte ihm 1794 den Sohn Hans Jakob, den späteren Kupferstecher und Maler. Der Künstler schrieb sich, wie die meisten der älteren Sperli, nur mit einem «e», im Gegensatz zu seinem gleichnamigen Sohn und allen heutigen Vertretern des Geschlechts, die sich mit «ee» schreiben.

Hans Jakob Sperli Vater (1794–1843)

Der Geburtstag des älteren Sperli war der 11. Dezember 1794. Geboren wurde er offenbar in dem von den Eltern geführten Wirtshaus in Bendlikon. Bei der Taufe in der Kirche zu Kilchberg am 12. Dezember versahen das Amt der Paten Hans Jakob Nägeli, der Hauptmann im Schooren, und Anna Wirz-Füessli, die Frau des bekannten Pfarrers zu Kilchberg, Johann Heinrich Wirz (1756–1834). Man bemerkt, dass die Eltern darauf achteten, angesehene Personen als Paten zu bitten. Der wesentlich ältere Bruder Johannes, aus erster Ehe des Vaters, starb im März 1798 im Inselspital zu Bern an einer Fusswunde, die er in der Schlacht zu Neuenegg, am 4./5. März 1798, empfangen hatte. Das Revolutionsgetöse und die Machtergreifung Napoleons bildeten die politische Begleitmusik zu Sperlis Jugend. Des Bruders Tod und der mit einer wirtschaftlichen Krise verbundene Untergang der alten Eidgenossenschaft gehörten für den kleinen Hans Jakob mit zu den ersten düsteren Lebenseindrücken.

Zu Beginn des Jahres 1805 zog die vierköpfige Familie Sperli-Weinmann von Bendlikon nach Zürich und wurde in Hottingen beim Kreuz sesshaft. Der ältere Kupferstecher kann also nur nach Herkommen und Geburt als Kilchberger angesprochen werden; den Hauptteil seiner Jugendzeit und das ganze spätere Leben verbrachte er in Zürich und dessen Vororten. Das Kilchberger Bürgerrecht übernahm er vom Vater und gab es an seinen Sohn weiter, der nie im Heimatort wohnhaft war.

Offenbar lernte der ältere Sperli schon in frühen Jahren das Radieren und das Herstellungsverfahren von Aquatinten. Die Zürcher Kunst-Schule, von der für die in Frage stehenden Jahre genaue Schülerverzeichnisse bestehen, besuchte er nicht. Als zwar talentiertem, aber nicht durchsetzungsfähigem Sohn eines Hintersässen vom Land war ihm eine gute Ausbildung erschwert. Zur Erlernung seines Berufes dürfte er als Namenloser bei einem Zürcher Aquatintisten in die Lehre gegangen sein. Der damalige Hauptvertreter des Fachs in Zürich, der eben im Zenit seiner Laufbahn als Kupferstecher stand, war Franz Hegi (1774–1850). Vielleicht war Sperli auch nur Lohnarbeiter in einem Kupferstichverlag, etwa bei den Brüdern Johann Georg und Martin Trachsler, die in jener Zeit begannen, mit Trachtenbildern und Veduten einen ansehnlichen Handel zu treiben. Man darf jedenfalls annehmen, Sperli habe sich nicht völlig autodidakt gebildet, denn die Kunst der Aquatintamanier ist ohne grundlegende Schulung nicht perfekt zu erlernen. Durchaus möglich ist es, dass er vor der Ausbildung zum Kupferstecher eine andere, verwandte Berufslehre absolvierte. In einem Archiveintrag wird er nicht nur als «Graveur», also Stecher beziehungsweise Radierer, sondern auch als Modelstecher, Zeichner und Kunstmaler bezeichnet. Eine künstlerische Lehrzeit dauerte in der ersten Hälfte des 19. Jahrhunderts mindestens fünf Jahre, so dass man annehmen kann, er habe von etwa 1808/09 bis 1814 eine mehr oder weniger gute Berufsausbildung genossen. Man denke dabei an Gottfried Kellers Lehrzeit bei Peter Steiger (im «Grünen Heinrich» der Roman Habersaat) und Rudolf Meyer (der Römer). Die Meister des Faches liessen sich damals von den Eltern der Lehrlinge bezahlen. Sperlis Vater war dazu wohl nicht in der Lage, weshalb kaum einer der bekannten Zürcher Stecher als Lehrmeister in Frage kam. Schon in dieser Zeit stellte der junge Sperli in den jährlichen Ausstellungen der Zürcher Künstler-Gesellschaft Aquarelle öffentlich aus, erstmals 1811 und dann regelmässig bis 1824. Er liess sich in den betreffenden Katalogen als

Kilchberger bezeichnen und führte meist nur den Vornamen Jakob.

Am 10. Juli 1815 verheiratete sich Sperli mit Anna Sprüngli von Hottingen, der Tochter des dortigen Gemeindeschreibers. Als Ort der Trauung wählte das Paar merkwürdigerweise die protestantische Diasporakirche von Baden. Ob die am Wohnort bereits bekannte Schwangerschaft der Verlobten dazu Anlass gab? Gleichzeitig zogen die Neuvermählten von Hottingen nach Zürich ins Kratzquartier, wo ihnen als erstes Kind am 1. Dezember 1815 der Sohn Hans Jakob geboren wurde, der für die berufliche Nachfolge ausersehen wurde. Man darf annehmen, der ältere Sperli habe damals noch keine eigene Werkstatt betrieben, sondern bei einem zünftigen Stecher als Geselle gearbeitet. 1821 zog er weiter nach Aussersihl, wohl im Zusammenhang mit der Eröffnung eines eigenen Aquatintabetriebs und möglicherweise auch weil er da Anschluss an einen Hans Heinrich Speerli von Bendlikon fand, der als Modelstecher tätig war. Es sind in Aussersihl sonst keine Stecher bekannt, was dem Anfänger als eigenständiger Berufsmann eine gewisse Unabhängigkeit in professioneller Hinsicht garantiert haben mag; zudem war er nicht, oder nur bedingt, den in der Stadt herrschenden Zunftbestimmungen unterworfen. Sperli wohnte in Aussersihl beim Arzt Dr. Schnabel zur Miete. Vermutlich blieb er in der gleichen Wohnung bis 1840, seinem Wegzug von Aussersihl. Dass er sich mit seinem Logisgeber gut vertrug, scheint der Umstand zu beweisen, dass Dr. Schnabel einem seiner in Aussersihl geborenen Kinder Pate stand. Erst zu Ostern 1834 wird der Zuzug nach Aussersihl offiziell registriert; kurze Zeit später bringt Sperli einen am 23. Januar 1836 ausgestellten Kilchberger Heimatschein bei. Den Anlass zum Wegzug von Aussersihl anno 1840 wird der Tod seiner ersten Frau, am 6. April 1839, gebildet haben. Am 29. Oktober 1840 heiratet er zum zweiten Mal. Diese kinderlose Ehe mit Anna Trost von Winterthur wurde schon nach anderthalb Jahren gerichtlich geschieden. Kurz danach, am 1. Oktober 1843, stirbt Sperli in Zürich, wo er offenbar seit 1840 wohnhaft war. Am 4. Oktober findet in der Predigerkirche die Abdankung statt, und seine sterblichen Reste werden auf dem Predigerfriedhof zur Ruhe bestattet. Ausser dem Sohn, dem jüngeren Kupferstecher, hatte er aus erster Ehe drei Töchter, von denen zwei aufkamen. Die ältere, Anna, verheiratete sich später mit einem Karl Weber von Zürich; die jüngere, Elisabeth, wurde Modistin, bekam mit 33 Jahren ein uneheliches Kind, das nach kurzer Zeit starb, und vermählte sich später mit Samuel Huber von Gachnang im Thurgau.

Die äusseren Lebensumstände verraten das Schicksal eines eher geplagten, in wenig erspriesslichen Verhältnissen lebenden und beruflich nicht besonders erfolgreichen, wohl nur vorübergehend zu beschränkter Unabhängigkeit gelangten Kunsthandwerkers und besitzlosen Hintersässen. Sperli ernährte sich und seine Familie zur Hauptsache mit den Erzeugnissen der von ihm betriebenen Aquatintakunst, daneben gelegentlich auch mit Zeichnen, Malen und Modelstechen. Im Hinblick auf das hinterlassene beträchtliche Œuvre darf man annehmen, er habe es zumindest einmal versucht – wohl zusammen mit seinem von ihm angelernten Sohn –, seine Werke im eigenen Verlag herauszugeben, denn zwei seiner bekanntesten Arbeiten sind unter seiner Verlagsadresse erschienen. Es betrifft ein Erinnerungsblatt an das Zürcher Freischiessen von 1834 (Nr. 339) und das bekannte Blatt mit sämtlichen Uniformen des Zürcher Cantonal-Militärs von 1840 (Nr. 321). Bei einigen anderen Blättern darf man seine Tätigkeit als Verleger vermuten. Den grössten Teil der

Produktion leistete er aber im Auftrag anderer, meist gut eingeführter Kupferstichverlage vor allem – jedoch nicht ausschliesslich – in Zürich. Den Druck seiner Platten wird er nur selten selbst übernommen haben; er stellte Aquatintaplatten her, machte Probeabzüge und gab sie dann zum Druck an seine Auftraggeber weiter. Produktiv tätig war er, wie aus den datierten Platten zu schliessen ist, wenigstens von 1815 bis 1842, nachdem er schon um 1811 auch als Aquarellist und Zeichner in Erscheinung getreten war. Den Beruf eines selbständigen Aquatintagraphikers dürfte er nicht vor seiner Heirat, 1815, ausgeübt haben. Das erste datierbare Blatt zeigt die Belagerung von Hüningen bei Basel im August 1815 (Nr. 125). Er blieb beruflich fast bis zu seinem Lebensende aktiv, wobei die Intensität nach seinem Wegzug von Aussersihl allerdings schnell abnahm.

Die fruchtbare Periode in Sperlis Schaffen umfasst die Jahre von ca. 1820 bis 1838. Einen Höhepunkt erreicht seine Wirksamkeit mit dem Zürcher Militärblatt von 1827 (Nr. 320). Vermutlich im Auftrag der Zürcher Milizarmee gab er in einem Simultanbild ein Register sämtlicher kantonaler Uniformen aller Grade und Chargen in der Ordonnanz von 1818 heraus. Das Bild verblüfft – nach dem Urteil eines Militärhistorikers – durch die «absolute Zuverlässigkeit und die Vielzahl der Details» (H. Schneider, Vom Brustharnisch zum Waffenrock, Frauenfeld 1968, S. 72). Der Paradeplatz in Zürich mit dem alten Zeughaus gibt die würdige und entsprechende Kulisse. Das mit keiner Jahreszahl versehene Blatt ist anhand einer Zeitungsannonce sowie durch das Fehlen des Hotels Baur und der neuen Post genau zu datieren. Im Vordergrund sind in umsichtiger Gruppierung 43 verschiedene Uniformenträger festgehalten, im Mittel- und Hintergrund des Platzes erkennt man weitere Truppen mit ihren Gerätschaften. Da Sperli in der Legende festhält, er habe das Blatt sowohl gezeichnet als auch geätzt, sieht man sich genötigt, in ihm nicht nur einen ausgewiesenen Meister der reproduzierenden Aquatintatechnik, sondern auch der subtilen Zeichnung zu erkennen. Sehr gekonnt hat er mit dem Mittel des Aquatintatons die Faltungen der langen Militärhosen und die Schlagschatten der zahlreichen uniformierten Personen dargestellt.

Ein gleich gutes Urteil verdienen zwei andere, etwas frühere Stücke, die Ansichten des eidgenössischen Militärlagers von Wohlen aus dem Jahre 1820 (Nrn. 318 und 319). Sie sind nach Sperlis Vorlage von der «Morgen-» und von der «Abendseite» von Heinrich Häsli in Aquatinta ausgeführt worden. Besonders das zweite Blatt, wo ein riesiger Laubbaum das Bildfeld teilt, ist von bedeutendem künstlerischem Eigenwert. Dass einige der frühen Hauptleistungen mit dem Militär zu tun haben, legt die Vermutung nahe, Sperli sei als offizieller Vertreter der Zürcher Miliz zeichnend und publizierend am Werk gewesen. Es ist kaum denkbar, dass er die repräsentativen Veduten des Wohlener Lagers anders als in militärischer Eigenschaft aufgenommen hat.

Von 1820 an begann sich Sperli in zunehmendem Masse auf die Vedutenproduktion zu verlegen, wobei er auf seine schon zehnjährige Tätigkeit als Aquarellist aufbauen konnte. Zu diesem Zweck bereiste er die ganze Schweiz und den Oberrhein. Verschiedentlich durchstreifte er das Berner Oberland, zeichnete am Thunersee, bei Sigriswil, bei Aeschi, im Lauterbrunnental und im Oberhasli. Bekannt war ihm auch die Rigi mit all ihren von den Fremden aufgesuchten Örtlichkeiten, sowie die übrige Gegend des Vierwaldstättersees und die

Ostschweiz. Wenigstens einmal kam er über Olten, Bern und Freiburg nach Genf. Sehr vertraut war ihm der Kanton Neuenburg, wo er offenbar enge Beziehungen zu dem aus Wollishofen stammenden Graphiker Jean-Henri Baumann (1801–1858) unterhielt, und selbstverständlich die Umgebung von Zürich. Anlass zu diesen Reisen bildete jeweils das zeichnerische Aufnehmen von Prospekten, besonders an den von den Ausländern bevorzugten Attraktionsorten. Vielleicht im Auftrag des badischen Königshauses zog er 1824 und 1826 vom Bodensee den Rhein hinunter und zeichnete unter anderem in Freiburg, Baden-Baden und Karlsruhe ausnehmend schöne Veduten von Städten und Schlössern.

Bisher kannte man Sperli nur als Stecher. Dem gestochenen Werk ebenbürtig und wegen der Farben sogar überlegen ist jenes der nach Vorzeichnung gemalten Aquarelle. Man hat sie noch kaum beachtet, doch sind sie geeignet, den Stellenwert Sperlis als Künstler bedeutend zu erhöhen. Nur ein Teil seiner durchwegs voll ausgeführten Aquarelle hat sich erhalten; immerhin sind uns gegen 50 bekanntgeworden. Er pflegte sie mehrheitlich mit «J. Jaques Sperli» zu signieren und oft auch zu datieren. Im Format sind sie sehr verschieden, einige klein, andere sehr gross, so ein Blick auf die Jungfrau mit zwei Schwingerpaaren im Vordergrund (58×75cm, Abb. S. 97).

Mehrere Künstler zeichneten in einer ähnlichen Weise wie Sperli. Fast zum Verwechseln ähnlich sind beispielsweise Aquarelle mit Ortsansichten vom Schwyzer David Aloys Schmid (1791–1861), auch solche von dessen jüngerem Bruder Franz Schmid (1796–1851). Zumindest nahe verwandt erweisen sich mit ihrer Aquarellmanier auch Wilhelm Oppermann aus Basel (1786–1852) und der Zürcher Johann Jakob Meyer aus Meilen (1787–1858).

Nur die signierten Arbeiten können diesen Meistern, die in denselben Jahren nebeneinander tätig waren, mit Sicherheit zugewiesen werden.

Doch nun zu Sperlis eigenen Aquarellen. Als geschlossenes Ganzes bewundernswert und als Glanzpunkt seines Œuvres zu bezeichnen sind die zwanzig in Darmstadt aufbewahrten Veduten vom Bodensee und von der deutschen Seite des Oberrheins (Nrn. 1–20). Sperli gibt sich darin als erfahrener, farbenfreudiger und exakter Vedutist, der die figürliche Staffage wie alle seine Konkurrenten als bereicherndes Bildelement zu bedachter Anwendung bringt. Die Folge entstand in den Jahren 1824 und 1826 und zählt zum Besten, was man an Ortsansichten des Landes Baden aus der ersten Hälfte des 19. Jahrhunderts kennt. Sie sichert Sperli eine vordere Position in der Reihe der Vedutenkünstler des Biedermeier in Deutschland.

Fünf signierte Aquarelle schuf er im Auftrag der Zürcher Familie Escher vom Glas. Offenbar besass er im damaligen Besitzer des Hauses zum Krönli am Hirschengraben, dem Kaufmann und Zürcher Grossrat Hans Kaspar Escher (1776–1844), einen wohlgesinnten Förderer. Nach den subtil ausgeführten Vorlagen stellte er, gewiss ebenfalls für die Familie Escher, Aquatinten im Kleinformat von 54×72 mm her (Nrn. 133–136), zu denen sich die Platten erhalten haben. Eine ähnliche Reihe, aber in flüchtiger Ausführung, schuf er mit den aquarellierten Vorzeichnungen zu Schlössern und Orten des Aargaus, die sich heute im Staatsarchiv in Aarau befinden.

Sperli widmete sich offenbar wiederholt der Herstellung von sogenannten Lichtschirmen, wie sie im Biedermeier in Mode standen. Diese spezielle Kunst geht auf den Berner Maler Franz Ludwig König zurück, der die

Technik der transparenten Bilder, die nur bei Nacht und Kerzenlicht betrachtet werden können, entwickelte.

Ein ovaler Lichtschirm Sperlis zeigt das Haus zum Krönli in der Nachbarschaft des bekannten Hauses zum Rechberg am Hirschengraben in Zürich, erbaut 1739 von Zunftmeister Hans Conrad Escher-Pestalozzi (Nr. 22). Hinten links erkennt man gerade noch die Kronenporte, zu der die Strasse zwischen den beiden Häusern im Mittelgrund hinaufführt (die heutige Künstlergasse). Vorne schreitet ein vornehm gekleidetes Paar über den Platz, wohl der Besteller des Bildes und seine Gattin, angeführt von einer Magd mit der im damaligen Zürich zur Nachtzeit gewöhnlich verwendeten «Visitenlaterne». Das ovale Bild bedient sich verschiedener Lavierungen mit Tusche und deckender Gouache. Sehr gekonnt werden die nächtlichen Lichteffekte – Mond, Laterne und von innen erhellte Fenster – zur Wirkung gebracht. Sie beginnen allerdings erst dann zu spielen, wenn man den Schirm in einem dunklen Raum vor einer rückseitig aufgestellten Lichtquelle betrachtet.

Das liebreizende Bildchen auf dem Escherschen Lichtschirm findet seine Fortsetzung in den erwähnten, 1833 gemalten Aquarellen mit Darstellungen des sogenannten Escherhofes in Kaiserstuhl und des gegenüber von Kaiserstuhl gelegenen Schlosses Rötteln oder Rotwasserstelz (Nrn. 25–28). Wieder lernt man Sperli als exakten Beobachter kennen, der mit naiv anmutender Sorgfalt den auf Akkuratesse gerichteten Anforderungen seiner Auftraggeber zu entsprechen sucht. Er bemüht sich um Klarheit und reine Nettigkeit und vermeidet peinlich alles, was ihm Kritik an der äusseren Erscheinungsweise seiner Veduten eintragen könnte. Am besten scheint ihm die Ansicht der erst kurz zuvor gebauten hölzernen Rheinbrücke und des jenseitigen Schlosses Rötteln gelungen zu sein (Nr. 27). Die grosse strömende Wasserfläche und die leicht diagonal ins Bild hinein geführte Brücke setzen die kompositionell bedachten Akzente im vedutenmässig gewählten Bildausschnitt. Schloss Rötteln wird auch von der Rückseite und aus grösserer Nähe wiedergegeben, wobei am Rand der Blick auf das Städtchen Kaiserstuhl fällt. Allen vier Ansichten fügte Sperli wieder eine ansprechende figürliche Staffage bei. Bemerkenswert gut gelungen sind ihm die Jäger mit ihrer Hundemeute am schattigen Fuss des hochragenden Schlossbaus von Rötteln. Vor den Ruinen des mittelalterlichen Escherhofes (Nr. 25) unterhalten sich Mitglieder der sich von hier herschreibenden Zürcher Familie. Der Biedermeierkleidung dieser Herrschaften schenkte Sperli besondere Aufmerksamkeit. Auf den anderen Blättern findet man einen Angler am Rheinufer und zwei muntere Knaben im Vorgelände des Escherhofes. Licht und Farbe, zusammen mit der unbeschwerten Staffage, erzeugen eine fröhliche Stimmung. Der Eindruck massvoller Gleichmässigkeit, den man von Sperlis Druckgraphik her gewonnen hat, schwächt sich beim Anblick der Aquarelle in wohltuender Weise ab. Vergleicht man die Malwerke mit den kleinformatigen Aquatinten (Nrn. 133–136), die danach ausgeführt worden sind, so bestaunt man die auch in der Reduktion noch wirksame Exaktheit und Schärfe, aber es wird auch deutlich, wie sehr sich die Unmittelbarkeit der Vorzeichnung in der Reproduktion verliert. Das bezieht sich sowohl aufs Ganze als auch auf die Einzelheiten, besonders auf die vegetabilen Vordergründe, deren sich Sperli jeweils intensiv angenommen hat.

Ein eindrucksvolles Aquarell entstand 1835 und stellt eine Ansicht von Sigriswil mit Blick über den Thunersee auf die Berner Alpen dar (Nr. 31). Das im Besitz der

Gemeinde Kilchberg befindliche Werk ist sowohl vom topographischen als auch vom künstlerischen Gesichtspunkt aus eine bemerkenswerte Leistung, es verrät aber auch die Grenzen des künstlerischen Vermögens. Was dem Zeichner hier besonders am Herzen lag, war die Wiedergabe einer fehlerfreien Silhouette der Gebirgskette. Auch die Gestaltung der Vegetation und der Häuser des Dorfes Sigriswil verraten den minutiösen und geübten Vedutenmaler. Man erkennt, dass es Sperli mehr auf die Genauigkeit als auf eine kunstvolle und auf den Gesamteindruck hinzielende Wirkung ankam. So arbeitete er etwa kaum mit der Luftperspektive, alle Gründe sind gleich deutlich wiedergegeben. Die Schattenmodellierung ist eher zurückhaltend angewendet, doch immerhin so, dass die Landschaft ein schönes, ebenmässiges Relief erhält. Man merkt das Bemühen, ein tadelfreies Werk zustande zu bringen, ein Werk vor allem, das in jeder Beziehung als Vorlage für ein druckgraphisches Werk genügt. Fast ist man geneigt, ein bisschen an Gottfried Kellers frühe Versuche in der Landschaftsmalerei zu denken, besonders was die Vordergründe anbelangt, wo das pflanzliche Detail vom Künstler das ganze Können herausfordert. Das Sigriswiler Blatt ist kein Wurf, wie ihn ein Zeichner, der ganz über der Sache steht, in wenigen, sicheren Stift- und Pinselstrichen erzielt. Es ist mit Anstrengung und fast zu sauber gearbeitet. Sperli brachte mehr dank seines unablässigen Fleisses und seiner Strebsamkeit etwas zustande und weniger dank seines Genies.

Einige Aquarelle mit Schweizer Motiven sind durch die Hände des Helvetica-Antiquars August Laube in Zürich gegangen, so eine Ansicht vom Wetterhorn mit dem oberen Grindelwaldgletscher (Nr. 23), auch eine Vedute mit der Kirche von Altstetten und heuenden

Bauern im Vordergrund (Nr. 44), ferner ein Blatt mit dem Aarelauf bei Thun und der Kirche von Scherzligen sowie der Jungfrau im Hintergrund. Auch das grosse Aquarell mit der Jungfrau und zwei Schwingerpaaren, das schon erwähnt wurde, kommt aus dem Haus Laube (Nr. 24). Das Musée du Vieux Vevey verfügt über eine Genferseelandschaft, die Sperli zugeschrieben werden kann (Nr. 46). Zwei zusammengehörige grosse Blätter, die sich bis vor kurzem im Kunsthandel befanden, zeigen ein Heilbad (?) in hügeliger Gegend, einmal von vorne, einmal von hinten gesehen (Nrn. 33, 34). Die Örtlichkeit war bis anhin nicht zu bestimmen; es könnte sich um eine eben erst erstellte oder auch nur geplante Gebäulichkeit handeln.

Bestimmt liessen sich bei intensiven Nachforschungen in Privatbesitz noch mehrere gezeichnete Veduten von Sperlis Hand finden. Sie werden wohl hauptsächlich als Vorzeichnungen zu Aquatintablättern konzipiert worden sein. Das dürfte zum Beispiel für ein signiertes Aquarell seine Richtigkeit haben, das an einer Auktion von Kündig & Laube in Zürich 1938 versteigert wurde und den St. Anna-Friedhof darstellt (Nr. 43). Zwei Zeichnungen können Sperli aufgrund der Kenntnis seiner signierten Arbeiten zugewiesen werden. Eine grosse aquarellierte Zürichseelandschaft seeaufwärts, aus der Gegend von Kilchberg gesehen, in der Grafischen Sammlung der ETH (Nr. 47) verrät die gleichen Eigenschaften wie das signierte Blatt von Sigriswil. Wiederum ist der Alpenkranz betont und der Vordergrund mit einer gewissen Pedanterie behandelt. Das in einigen Partien unvollendete Blatt ist übrigens für Kilchberg von besonderem Interesse, denn es zeigt die damals noch recht spärliche Überbauung der Gegend im Böndler in der Zeit um 1830.

In den «Verzeichnissen der Kunstwerke, die auf Veranstaltung der [Zürcher] Künstler-Gesellschaft in Zürich öffentlich ausgestellt worden» sind, ist Sperli von 1811 bis 1832 mehr oder weniger regelmässig mit Aquarellen und Zeichnungen, insgesamt 28, vertreten. Am 20. Mai 1811 debütierte er mit «einem Blumenstück nach der Natur in Aquarell» und löste dafür 16 Gulden. Eine Auswahl der Exponate wurde auf diesen Ausstellungen jeweils in eine Verlosung gegeben. In den Katalogen liegt oft die Gewinnerliste am Schluss bei. Das Blumenstück von 1811 fiel Herrn Bär zum kleinen Löwenstein in Zürich zu. 1812 gab Sperli ein Aquarell unter dem Titel «Beym Kapuzinerkloster auf der Rigi» in die Ausstellung, das unter der veränderten Bezeichnung «Maria zum Schnee» wiederum zur Verlosung kam und für 15 Gulden von Herrn Bürkli im Tiefenhof zu Zürich gewonnen wurde. 1813 erschien von ihm ein Motiv «Bey Wallenstadt gegen den Sichelkamm», 1814 «Der Fätschbach im Lintthal, Aquarell». Im Jahr 1815 fiel die Ausstellung wegen des Krieges aus, 1816 ist er mit dem «Lungerer-See» vertreten, der in der Verlosung von Herrn Burgdorfer in Bern gewonnen wurde, 1817 mit zwei Ansichten bei Winkel am Vierwaldstättersee, von denen eine dem Hinwiler Amtsmann Kuster in Winterthur als Lospreis zufiel. Im gleichen Jahr waren von seiner Hand zwei Transparente zu sehen: der «Kiltgang» und «Die Betenden bey der Capelle». Dabei dürfte es sich wohl wiederum um Lichtschirme, wie sie seit der Jahrhundertwende als Kabinettstücke beliebt waren, gehandelt haben. Für solche Kunstwerke, allerdings in der Form grossangelegter Prospekte von beträchtlichen Ausmassen, war kurz zuvor der Berner Franz Niklaus König (1765–1832) bekannt geworden. Vielleicht stand Sperli unter dem unmittelbaren Einfluss von entsprechenden Arbeiten Königs, die dieser auf Erwerbsreisen mit sich führte und als theatralisch aufgemachte Zugnummern dem Publikum vorführte. (Vgl. M. Bourquin, in: Berner Heimatbücher Bd. 94/95, Bern 1963, S. 52 ff.) Das Motiv des Kiltgangs hatte König vor Sperli schon mehrfach behandelt. Die übrigen der von Sperli beschickten Ausstellungen der Kunst-Gesellschaft fallen in die Jahre 1819, 1820, 1822, 1824, 1829 und 1832. 1820 zeigte er zwölf «kleine Schweizerprospekte». Im Jahr 1835 ist sein Name zum letzten Mal zu lesen im Zusammenhang mit der in Aquatinta verfertigten Reliefansicht der Schweiz von F. W. Delkeskamp. Es fällt auf, dass Sperli immer Handzeichnungen und Aquarelle beisteuerte, nie Druckgraphik. Vielleicht liegt der Grund dazu in den Konkurrenzverhältnissen zu den Stechern der Stadt. Die Mehrzahl der von ihm eingereichten Aquarelle kann man als Vorzeichnungen zu seinen Aquatinten auffassen, denn die meisten Titel erscheinen in dem von uns zusammengestellten Œuvreverzeichnis seiner Druckgraphik wieder. Es erweist sich, dass Sperli schon mit 18 Jahren in der Schweiz auf Zeichnungsreisen unterwegs war. Auf anderen Kunstausstellungen in der Schweiz ist er, soweit man erkennen kann, nicht berücksichtigt worden.

Mitglied der Zürcher Künstler-Gesellschaft, in deren Rahmen er – wie gezeigt wurde – öfters Zeichnungen ausstellte, ist Sperli nie gewesen; es scheint, dass ihm die Ehre der Mitgliedschaft, die fast ausnahmslos den Künstlern der Stadt vorbehalten war, als einem Hintersässen versagt blieb.

Zur Hauptsache betätigte sich Sperli weder als Zeichner noch als Maler, wie er einmal bezeichnet wird, sondern als Hersteller von Aquatintaradierungen. Wie schon angeführt wurde, betrieb er keinen eigenen Verlag, sondern arbeitete praktisch ausschliesslich in Heimarbeit für andere Firmen in der Stadt, in der übrigen Schweiz und im nahen Ausland. Man kennt die von ihm bedienten Firmen durch die Adressen auf seinen Platten. In Zürich waren es «Keller & Fuessli» (1817–1829) und das Nachfolgeunternehmen «Joh. Hch. Fuessli & Cie» (vor 1829) und «F. Sal. Fuessli successeur de Keller & Fuessli» (1829–1841), dann auch Trachsler, besonders ab 1832 Hermann Trachsler. Durch Keller & Fuessli wurde Sperli an einer in zwei verschiedenen Formaten herausgekommenen Verdutensammlung beteiligt: «Promenade par les Lieux les plus interessants de la Suisse» (mit je 40 Aquatinten, um 1828), und für Johann Fuessli arbeitete er an dem «Souvenir de Saint-Maurice et de ses environs» (13 Blatt, 1834). Für den Trachsler-Verlag fertigte er wenigstens 43 verschiedene Platten mit Veduten im Kleinformat an. Für den Buchverlag Orell & Fuessli soll Sperli (nach Lonchamp) Platten zu einem Werk unter dem Titel «Wanderung durch die rhätischen Alpen» geliefert haben (13 Blätter, verteilt auf 2 Bände, 1829–1831). Im Auftrag von Johann Heinrich Lochers Offizin nahm er Anteil an der «Malerischen Reise der Donau, vom Ursprung bis zu ihrem Verschwinden» (20 Blätter, davon 7 von Sperli, um 1840) und für J. J. Meyer am «Souvenir de Saint-Maurice» (andere Ausgabe als diejenige von J. H. Fuessli, 23 Blätter, 1835). Auch für H. F. Leutholds Vedutenproduktion liess sich Sperli für kurze Zeit einspannen.

Ein grosser Teil der Trachslerschen Kupfer wurde nach 1834 bei Maehly & Schabelitz in Basel neu gestochen und für die Wochenschrift «Der Wanderer in der Schweiz» verwendet. Für diese Zeitschrift (beziehungsweise für J. C. Schabelitz) steuerte Sperli auch neue Platten bei. In den Bänden 1–6 und 8 (1835–1842) des «Wanderers» finden sich insgesamt 59 Illustrationen von Sperli, von denen mehrere auf seinen eigenen Vorzeichnungen basieren. Eine noch umfangreichere Arbeit leistete er für den Neuenburger Verlag von Jeanneret & Baumann (1825–1830). Diese Veduten wurden in variierten Ordnungen in Alben unter den Titeln «Souvenir de la Suisse» und «Souvenir de Neuchâtel» zusammengefasst (kurz nach 1830). 1830 hatte sich die Verbindung zwischen den Künstlern und Verlegern Frédéric Jeanneret und Jean-Henri Baumann gelöst. Jeanneret tat sich mit einem Bruder zur neuen Firma «Jeanneret frères» zusammen und übernahm die Aquatintaveduten im Format 113×175 mm (folio); einen Teil dieser Platten erwarb später der Zürcher Verleger Rudolf Dikenmann am Rindermarkt. Baumann seinerseits liierte sich mit seiner Frau Evodie Peters unter der Bezeichnung «Baumann Peters & Cie.» und führte die Folgen im Format 54×83 mm (petit format) und im Format 194×280 mm (grand folio) weiter.

Mehrere Platten über das Berner Oberland lieferte Sperli an die «Frères Schmid à Thoune au Panorama». In Deutschland arbeitete Sperli für Karl Baedeker, den Begründer der handlichen Reiseführer in Koblenz, an einem Album mit Ansichten vom Rheinlauf von Mainz bis Köln (4 Blätter, um 1835). Das Schweizerische Landesmuseum besitzt davon kolorierte Exemplare mit den handschriftlichen kritischen Notizen Baedekers. Zwei Aquatinten sind bei der Kunstanstalt des Bibliographischen Institutes in Hildburghausen erschienen, wobei es sich allerdings um Raubdrucke handeln dürfte; mehrere Blätter erschienen im Verlag von J. Velten in Karlsruhe. In der Schweiz gingen einzelne Platten an die folgenden Verlagsfirmen: Johann Müller in St. Gallen, George Rouillier in Lausanne, J. Kappeler und J.C. Meyer in Fribourg, Tessaro in Bern, J.J. Burgdorfer in Bern und J.-P. Lamy in Basel. Nicht vergessen werden darf Sperlis Mitwirkung an der Vogelschaukarte der Innerschweiz von F.W. Delkeskamp in Frankfurt (Nrn. 255, 256). Von den 9 Teilstücken, die Delkeskamp in einer langjährigen mühsamen Arbeit hergestellt hatte, vollendete Sperli (neben Franz Hegi) einzelne Teilstücke in Aquatinta unter Delkeskamps Leitung (herausgegeben von Delkeskamp in Frankfurt 1830).

Als spezielle Aufträge übernahm Sperli Aquatinta-Ansichten von Hotels, Gasthäusern und Erziehungsinstituten. So kennt man von ihm eine schöne Rheinfallansicht mit dem Hotel Weber (Nr. 216), zwei grosse Blätter für das Hotel zum Raben in Zürich [Ansicht des Gasthofes und Blick von der Terrasse auf Limmat und See (Nrn. 331, 332)], eines – besonders liebevoll ausgeführt – für die Gemeinde Regensberg (Nr. 207) und eines für das bekannte Knabeninstitut Hüni in Horgen (Nr. 123), ferner ein sehr seltenes Blatt für den Goldenen Falken in Schaffhausen (Nr. 250) und eines – Sperlis letztes Werk – für das 1842 eröffnete Caféhaus Salomons-Keller am Hirschengraben in Zürich (Nr. 333). Diese Stücke dienten den betreffenden Häusern als Werbeprospekte und Erinnerungsblätter. Der Werbecharakter geht aus den Legenden hervor, so besonders auffällig bei den Aquatinten für das Zürcher Hotel zum Raben.

In der Wahl der Vorlagen hielt sich Sperli sowohl an eigene Landschaftszeichnungen als auch an solche vieler anderer Künstler. Zu erwähnen sind aus Zürich Heinrich Bräm (geb. 1792), Johann Ulrich Burri (geb. 1802), Conrad Corradi (1813–1878), Salomon Corrodi (1810–1892), Hans Ulrich Kern (1787–1818), Johann Jakob Meyer (1787–1858) und der sehr produktive Wilhelm Rudolf Scheuchzer (1803–1866); von auswärts sind nachgewiesen die Basler Achilles Benz (1766–1852) und Rudolf Huber (1770–1844), der Mülhauser A. Dantzer (für Genreszenen), die Neuenburger Jean-Henri Baumann

(1801–1858, ein gebürtiger Wollishofer) und Friedrich-Wilhelm Moritz (1783–1855), ferner in bedeutendem Mass die beiden Schwyzer Brüder David Aloys (1791–1861) und Franz Schmid (1796–1851).

Sperlis Konkurrenten in der Aquatintaproduktion in Zürich waren Franz Hegi (1774–1850), der damalige Altmeister des Zürcher Kupferstichs, dann Johann Hürlimann (1793–1850), Conrad Caspar Rordorf (1800–1847) und in der letzten Produktionsphase Carl Bodmer (1809–1893) und Jakob Suter (1805–1874). Diese alle entwickelten eine überaus fruchtbare Tätigkeit, die zum Teil bedeutender und grösser als jene Sperlis ist. Eigenartigerweise finden sich die Namen dieser erfolgreichen und zum Teil als Stadtbürger privilegierten Berufsgenossen mitunter auf derselben Platte mit Sperlis Namen vereinigt, sei es, dass Sperli die Vorzeichnung beisteuerte und die anderen danach stachen, sei es, dass er die Aquatinta nach deren Vorlagen übernahm. Auch Hegi, Hürlimann, Rordorf und Bodmer führten keine eigenen Verlage, sie arbeiteten – wie Sperli – für Firmen, was den Schluss nahelegt, dass sie sich in mehr oder weniger fairer Weise gegenseitig die Aufträge wegzuschnappen versuchten. Die Stadtzürcher waren in diesem Wettstreit vermutlich bevorteilt gegenüber dem Einwohner von Aussersihl. Der fast gleich alte, aus dem Thurgau stammende Johann Rudolf Dikenmann (1793–1884) begann seine Tätigkeit als Stecher ebenfalls zu Sperlis Zeiten; doch führte er schon bald ein eigenes Druck- und Verlagshaus und bediente sich für seine Produktion vorerst ausschliesslich eigener Platten, später auch jener seiner beiden Söhne. Erst der jüngere Rudolf Dikenman (1832–1888) durchsetzte seine Produktion mit angekauften Platten untergegangener Verlagshäuser, wobei er die alte Adresse durch seine eigene zu ersetzen pflegte. So finden sich unter den

Dikenmannschen Platten sechs Stücke, die Vater Sperli um 1835 für Jeanneret & Baumann in Neuchâtel hergestellt hatte. Es sind dies neben den Escherschen von Kaiserstuhl die einzigen heute noch vorhandenen Platten von Sperlis eigener Hand (heute im Schweizerischen Landesmuseum).

Überblickt man das Œuvre von Sperli, so fällt einem vor allem die fleissige Gleichförmigkeit auf, wie sie für die Vedutenproduktion seiner Zeit generell charakteristisch ist. Für sich allein betrachtet, gewinnen indessen manche Stiche, besonders die im Format grösseren, eine beachtenswerte Eigenständigkeit und Perfektion. Sie lockern als verstreute Höhepunkte das generelle Bild auf. Die von uns festgestellte Produktion von ungefähr 350 Platten ist für die relativ kurze Zeit von rund 25 Jahren recht ansehnlich, wenn auch nicht ausserordentlich. Das hier angeschlossene Œuvreverzeichnis kann nur bedingt den Anspruch auf Vollständigkeit erheben. An versteckten Orten mag das eine oder andere Blatt seiner Hand noch zum Vorschein kommen. Es bestand auch gar nicht die Absicht, das Œuvre Sperlis völlig lückenlos zusammenzubringen. Dazu hätte vor allem die Gesamtheit der Vedutenwerke zwischen 1815 und 1843, sowohl in der Schweiz als auch in Deutschland, erfasst werden müssen, was eine in bezug auf das Thema unverhältnismässige Arbeit bedeutet hätte. Das Beispiel Baedeker zeigt, dass Sperli offenbar über weiter reichende Beziehungen verfügte, als man das annehmen möchte. Trotz seiner zahlreichen Verbindungen scheint er mit seinem Gewerbe nie auf einen grünen Zweig gekommen zu sein. Ziemlich auffällig hört seine Produktion um 1840 fast ganz auf. Der Umstand, dass sein Sohn, der künstlerisch weniger talentiert war, sich dem Militär verschrieb, mag den Vater – vielleicht auch im Zusammenhang mit seiner zweiten

Ehe und erlahmender Gesundheit – veranlasst haben, den Betrieb in Aussersihl aufzugeben. Auch die immer grösser werdende Konkurrenz durch die Stecher in der Stadt kann ein Grund zum Resignieren gewesen sein.

Wenn man die Qualität der Sperlischen Arbeiten beurteilen will, muss man sich vorerst darüber klar werden, dass das Herstellen von Aquatinten mehr Handwerk als Kunst ist. Sperli war nur in geringem Masse selbst schöpferisch tätig, in erster Linie war er ein reproduzierender Kunsthandwerker und stach nach fremden Vorlagen im Auftrag. Für seine künstlerische Einschätzung ist von den von ihm verwendeten Vorlagen zu abstrahieren. Leider sind bisher nur wenige direkte Vorzeichnungen seiner Hand für Aquatintastiche bekanntgeworden. Die, welche erhalten sind (so das Quartett von Kaiserstuhl), belegen, dass er seinem Beruf entsprechend in der Lage war, sehr genau zu kopieren. Um die eigene zeichnerische Leistung zu bestimmen, muss man diejenigen Aquatinten beiziehen, die er nach eigenen Vorlagen anfertigte. Es sind gegen 100 Blätter bekannt, wo nach der Legende Sperli sowohl als Zeichner als auch als Stecher anzusprechen ist. Bei den meisten steht sein Name allein, woraus auf eine eigene Vorlage geschlossen werden kann, bei zehn signiert er deutlicher mit «Sperli del[ineavit] et sc[ulpsit]» oder «Sperli fecit et sc[ulpsit]». Weitere 21 Aquatinten sind von anderen Stechern nach Sperlis Vorlagen radiert worden, so von den Zürcher Kollegen Franz Hegi, Johann Hürlimann und Conrad Caspar Rordorf, auch von Heinrich Bebi, Hans Ulrich Kern, Hans Jakob Häsli und den auswärtigen Stechern Martens (unbekannt, vgl. SKL 2, S. 330), Christian Meichelt aus Lörrach und Heinrich Bryner (?), der von Zürich nach Lausanne ausgewandert war. Ob in diesen Fällen Sperli etwas verdiente, scheint zweifelhaft. Im Zeitalter, wo es noch kein

Copyright gab, mag ein Stecher, wenn er ein bestimmtes Motiv benötigte, ohne lange zu fragen, einen bereits bestehenden Stich kopiert haben. Wenn er seine Vorlage nannte, handelte er korrekt; es wäre aber zu untersuchen, in wie vielen Fällen so verfahren wurde und in wie vielen anderen Fällen der Name des Vorzeichners einfach unterschlagen wurde. Dass Sperli immerhin öfters als Autor genannt wird, berechtigt zur Annahme, dass er zu seinen Zeiten über ein beträchtliches Ansehen als Vedutenzeichner in Zürich verfügte. In der Eigenschaft des Vorlagenstifters befand er sich vermutlich meist in Abhängigkeit von einem Kupferdrucker und Verleger.

Als beachtenswerte eigenständige Werke seien ausser den bereits genannten (Zürcher Cantonal-Militär und Militärlager von Wohlen) die folgenden erwähnt: das den Anfang seiner Stichproduktion markierende Blatt mit der Belagerung Hüningens im August 1815 (Nr. 125), dann die beiden Ansichten von Aeschi im Berner Oberland, geliefert an Maehly & Schabelitz in Basel (Nrn. 3, 4), und die Ansicht des Kreuzplatzes mit der alten Kreuzkirche in Hottingen (Nr. 337). Ähnlich wie auf den zwei Blättern für das Gasthaus zum Raben in Zürich, fällt hier die lebendige Beobachtungsgabe auf, die sich sowohl auf das Architektonische als auch auf die figürliche Staffage bezieht. Eine sehr schöne Leistung im Vedutenfach ist die Ansicht aus der Distanz auf Burgdorf im Grossformat (Nr. 63). Unter den nach fremden Vorlagen vollendeten Aquatinten fallen der Panoramastich von Lausanne nach Carrard (Nr. 154) sowie die vier Ansichten von Baden nach J. Meyer-Attenhofer auf (Nrn. 23–26). Ebenfalls besonders zu erwähnen sind die Zürcher Hauptwache nach Georg Heinrich Speissegger (Nr. 327), die grosse Ansicht von La Neuveville (Nr. 145) und die Ansicht des Stadtinnern von Regensberg, eingerahmt von den Namen und Wappen der zürcherischen Landvögte (Nr. 207). Mit diesem und dem zweiten Blatt über das Zürcher Cantonal-Militär von 1840 (Nr. 321), das er gemeinsam mit seinem Sohn ausführte, neigt sich der Bogen des Sperlischen Lebenswerkes seinem Ende zu. Wie beim Parallelblatt von 1827 (Nr. 320) wundert man sich wiederum über die Vielfalt der Uniformen auf dem Paradeplatz, der inzwischen mit dem Hotel Baur und der Post ein neues Aussehen gewonnen hat. Als vereinzelter Spätling erscheint 1842 noch das Werbeblatt für das Café Salomons-Keller in Zürich (Nr. 333), das wegen der Nahsicht aus dem übrigen Werk in positiver Weise herausfällt.

Hans Jakob Speerli Sohn (1815–1866)

Im Gegensatz zu seinem Vater pflegte sich der jüngere Speerli öfters mit «ee» zu schreiben, in der Art, wie der Name heute allgemein geschrieben wird. Weitere Schreibweisen, die er verwendete, sind «Spéerli, Spereli, Sperrli».

Auch von Speerli Sohn weiss man biographisch nicht viel. Er war das älteste Kind seiner Eltern und wurde am 1. Dezember 1815 im Kratzquartier von Zürich geboren. Der Vater war damals 21, die Mutter 20 Jahre alt. Die Taufe fand am 6. Dezember im Fraumünster statt. Patenschaft leisteten Hans Jakob Nägeli, der Hauptmann im Schooren, der schon bei des Vaters Taufe dabei war, und Anna Schaufelberger, des Leutnants Frau beim Kreuz in Hottingen. Die Jugend verlebte Hans Jakob in Aussersihl, und er wird da auch eine Lehre als Zeichner und Aquatintist bei seinem Vater absolviert haben. Mit 20 Jahren, am 7. Dezember 1835, verheiratete er sich mit Elisabetha Müller von Aussersihl, der Tochter des Christian Müller und der geschiedenen Maria Kaspar von Pany in Graubünden. Diese Frau schenkte ihm im Verlauf von fünf Jahren fünf Kinder, worunter Zwillinge. Ausser einem dieser Zwillingskinder wurden alle erwachsen, das jüngste, Karl Emmanuel, geboren 1840, trat die Stammfolge in der Schweiz an. Ein älterer Sohn, Robert, geboren 1837, wurde Schriftsetzer und emigrierte nach Holstein.

Es erweckt den Anschein, als habe Speerli Sohn schon in jungen Jahren eine Zuneigung zum Militär gefasst. Seine künstlerische Tätigkeit reicht, soweit sie überblickbar ist, nur von 1833–1838. Wohl gleichzeitig mit dem Vater zog er 1840 von Aussersihl weg. Der Weg führte ihn nach Enge. Den Angaben im Schweizerischen Künstler-Lexikon zufolge wurde er Instruktionsoffizier und interessierte sich als solcher besonders für das Zürcher Kadettenwesen. 1856 soll er «als Kapitän» englischen Solddienst angenommen haben. Wie bekannt ist, bestand zur Zeit des Krimkrieges (1854–56) eine angloschweizerische Legion, die während dieses Feldzuges nach Smyrna verlegt wurde, ohne allerdings in den Kampf zu kommen. Vielleicht stiess Speerli als Ersatz zu dieser Truppe, kurz bevor sie 1856 entlassen wurde. Bestimmtes über Speerlis Militärleben konnte trotz intensiven Nachforschungen nicht in Erfahrung gebracht werden.

Nach dem Tod seiner Frau (1858) schloss er in Winterthur, wohin er in der Zwischenzeit offenbar gezogen war, eine zweite Ehe mit Anna Morf, Bürgerin von Winterthur (1830 – nach 1867). Er setzte sich am Heimatort seiner Frau fest und trat als Schaffner (Zugführer) in die Dienste der Nordostbahn-Gesellschaft. In Winterthur starb er am 4. November 1866. Dass er als Eisenbahner im Dienst verunglückt sei, wie das Schweizerische Künstler-Lexikon schreibt, liess sich nicht bestätigen. Speerlis jüngster Sohn, Karl Emmanuel, erlernte das Tapeziererhandwerk, heiratete in Zürich eine Elsässerin und liess sich zwischen 1866 und 1874 in Basel als Meister seines Faches nieder. Er starb in Basel 1887 unter Hinterlassung seiner zweiten Frau, einer Baslerin namens Grüninger, und einer ledigen Tochter. Mit Karl Emmanuel stirbt der Zweig der Kupferstecher Speerli in der Schweiz aus.

Von Speerlis Tätigkeit als Künstler weiss man nur wenig. Im Jahr 1838 pries er sich in der Presse einmal als Porzellanmaler an, auch soll er als Modelstecher gearbeitet haben. Sein Hauptberuf war aber doch wohl der eines Stechers, den er bei seinem Vater erlernt haben dürfte. Die Kenntnis seiner Graphik stützt sich hauptsächlich auf rund 50 Aquatintablätter, die meist seinen Namen aufweisen.

In der Ausstellung der «Zürcher Künstler-Gesellschaft» 1833 stellte er zwei Aquarelle aus, von denen das eine Blumen, das andere Schmetterlinge darstellte. Man könnte nach den Motiven auf eine wesentlich andere Interessenrichtung als beim Vater schliessen. Diese Ansicht lässt sich aber mit den von ihm geschaffenen Aquatinten nicht bestätigen. Das erste Blatt, das Speerli Sohn in Aquatinta ausführte, ist eine Ansicht des Eidgenössischen Schützenfestes in Zürich, 1834 (Nr. 339). Die Vorlage dazu hatte sein Vater gezeichnet. In der gleichen Weise teilten sich Vater und Sohn in die Arbeit beim Dokumentarblatt über die verspätete Totenfeier für den Komponisten Hans Georg Nägeli im Fraumünster (am 1. Juni 1837, Nr. 340). Als völlig gemeinsame Arbeit ist das Militärblatt von Zürich (1840) mit der Ansicht des neuen Paradeplatzes bezeichnet (Nr. 321). Eigenhändige Werke stellen sechs Aquatinten dar, die Speerli Sohn an den «Bazar Vaudois» in Lausanne lieferte (vier verschiedene Ansichten von Lausanne (Nrn. 150–153) und je eine von Pully (Nr. 204) und Schloss Vufflens (Nr. 303), die letztere bezeichnet «Spéerli Fils sculp.»). Diese Blätter offenbaren bedeutende technische und künstlerische Schwächen, und sie dürfen wohl als Erstlinge des Sohnes angesehen werden. Namentlich vom Sohn signiert sind mehrere kleine Veduten, so eine mit Baden (Nr. 21), eine zweite mit der Wengneralp (Nr. 310), angefertigt für Baumann Peters & Cie. in Neuchâtel, und eine dritte mit einer alpinen Genreszene (Rückkehr des Gemsjägers, Nr. 96). Wegen des für den Sohn charakteristischen flaumigen Aquatintastils und wegen der abweichenden Schreibweise des Namens können dem jüngeren Speerli zusätzlich zugewiesen werden: eine Genfer Vedute (Nr. 97, «Speerli»), Solothurn (Nr. 270, «J. Speerli») und das Gessnerdenkmal im Zürcher Platzspitz (Nr. 326, «J. Spereli»). Bei den Blättern des Sohnes ist nicht immer ein deutlicher Unterschied zu den Arbeiten des Vaters festzustellen. Es ist durchaus möglich, dass der jüngere Speerli von etwa 1835 an noch mehrere andere Aquatinten selbst oder in gemeinsamer Arbeit mit dem Vater geschaffen hat. Dass es dem Vater daran lag, sich von seinem gleichnamigen Sohn erkennbar abzusetzen, belegt das Blatt Iberg bei Wattwil (Nr. 126), auf dem «J.J. Sperli. père sc:» zu lesen ist. Nach den für den Sohn gesicherten Stücken zu schliessen, erreichte er das Niveau der guten Arbeiten des Vaters nicht. Er scheint sich kaum um eine eigenständige künstlerische Ausdrucksweise bemüht zu haben, wie sich eine solche beim Vater, mit dem er nach seiner Volljährigkeit offenbar eine Zeitlang in Werkstattgemeinschaft lebte, wenigstens andeutungsweise, zumal bei den Aquarellen, feststellen lässt. Eine nennenswerte Künstlerpersönlichkeit war Speerli Sohn aufgrund der geringen Kenntnis, die wir von seinem Werk haben, nicht. Den Beruf des Kupferstechers gab er spätestens 1840 gänzlich auf. Seine Erfüllung scheint er dann, wie erwähnt, im Militär gefunden zu haben.

Das Speerli-Wappen

Wann die Familie Speerli von Kilchberg ein Wappen erhalten hat, kann nicht gesagt werden, wohl nicht vor dem 19. Jahrhundert. Ein Speerli-Wappen erscheint erstmals in der 1854 gedruckten «Wappentafel der Stadt Zürich». Vielleicht ist dieses Wappen speziell für diese heraldische Tafel der Stadt, wo damals schon Vertreter der aus Kilchberg stammenden Familie Speerli eingebürgert waren, gemacht worden. Nach Angaben von noch lebenden Vertretern der Familie Speerli in Zürich soll es auch in der Kirche von Kilchberg in einem Kirchenstuhl ein Speerliwappen gegeben haben. Der in der Zürcher Wappentafel vorhandene Schild zeigt in Blau zwei gekreuzte silberne Lilienstäbe, die unten mit einem Balken miteinander verbunden sind, zwischen den Lilienblüten schwebt eine goldene Glocke. Die untere Verbindung der Stäbe dürfte eine sogenannte Brisüre sein, wie sie offenbar für die Zürcher Speerli eingeführt wurde. Das Wappen der Kilchberger Speerli wies vermutlich nur die gekreuzten Stäbe und die Glocke auf. Der im April 1992 verstorbene Historiker Dr. Hans Kläui, dessen an dieser Stelle für seine Auskünfte in der Wappenfrage in Dankbarkeit gedacht sei, hat 1961 für die Speerli auf der Zürcher Landschaft ein Wappen mit neuer Brisüre, einem goldenen Stern unten (anstelle des Querbalkens), geschaffen.

STAMMFOLGE

1 HANS RUDOLF SPERLI

Sohn des Paulus Sperli und der Adelheidt Scheller aus dem Mönchhof, getauft 31.7.1687, gestorben?
Frau: Anna Sperli, aus dem Mönchhof, getauft 13.6.1702, gestorben?. Heirat 13.6.1724 (Kilchberg).
Kinder: 1. Hans Jakob Sperli, getauft 9.10.1725, gestorben 3.7.1770 – *Nachfolge 2*
2. Regula Sperli, getauft 9.11.1727, gestorben?

2 HANS JAKOB SPERLI

aus dem Mönchhof, Lieutenant,
getauft 9.10.1725, gestorben 3.7.1770 (Mönchhof)
Frau: Anna Magdalena Welti, Tochter von Salomon Welti im Mönchhof und der Barbara Nägeli, getauft 21.4.1726, gestorben 24.12.1778 (Mönchhof). Heirat 26.11.1748 (Kilchberg).
Kind (wohl unter anderen): Johannes Sperli, geboren 14.6.1750, gestorben 24.8.1818 – *Nachfolge 3*

3 JOHANNES SPERLI

aus dem Mönchhof. Wirt zu Bendlikon. Geschworener. Anfang 1805 nach Zürich verzogen, später sesshaft in Hottingen, geboren 14.6.1750, getauft 17.6.1750; gestorben 24.8.1818, begraben 28.8.1818 (Zürich, Fraumünster)
1. Frau: Anna Cleophea Wild von Richterswil, Tochter des Rudolf Wild von Richterswil, sesshaft in Bendlikon, und der Elisabeth Nägeli, getauft 4.6.1746, begraben 1.12.1777. Heirat 19.9.1775 (Kilchberg).
2. Frau: Susanna Weinmann von Meilen, Witwe des Martin Beck von Schaffhausen, geboren 9.3.1749, gestorben 26.3.1811 (in Hottingen), begraben 30.3.1811 (beim Kreuz). Heirat 22.8.1786.

Kinder aus 1. Ehe: 1. Hans Heinrich, getauft 21.11.1775, gestorben 26.1.1779

2. Johannes, getauft 24.11.1776, gestorben 26.3.1798 (war 1798 als Bäckersknecht in Nidau, kam ins Gefecht gegen die Franzosen bei Neuenegg und starb an einer Fusswunde im Inselspital Bern)

Kinder aus 2. Ehe: 3. Regula, getauft 6.5.1787, verheiratet 1810 mit Rudolf Wydler von Wiedikon

4. Anna, getauft 21.12.1788, gestorben 28.12.1788

5. Hans Jakob, geboren 11.12.1794, gestorben 1.10.1843 – *Nachfolge 4*

4 HANS JAKOB SPERLI (Vater)
von Bendlikon, Kunstmaler (Landschaftsmaler), Zeichner, Graveur, Modelstecher. Geboren 11.12.1794 (Bendlikon), getauft 14.12.1794 (Kilchberg, Paten: Hans Jakob Nägeli Hauptmann im Schooren und Anna Wirtz-Füssli, Ehefrau des Pfarrers von Kilchberg); konfirmiert 29.3.1812 (beim Kreuz in Hottingen); gestorben 1.10.1843 (Zürich St. Leonhard, Unterstrass), begraben 4.10.1843 (Predigerkirchhof). Seit Dezember 1805 in Zürich, 1815 wohnhaft im Kratz in Zürich, seit 1821 sesshaft in Aussersihl (bei Arzt Dr. Schnabel), Wegzug von Aussersihl 1840 nach Zürich.

1. Frau: Anna Sprüngli von Hottingen, Tochter des Jakob Sprüngli, Gemeindeschreiber von Hottingen, (getauft 23.1.1768, gestorben 14.7.1796) und der Verena Wydler. Geboren 9.3.1795, getauft 15.3.1795 (Grossmünster); gestorben 6.4.1839 (Aussersihl), begraben 10.4.1839 (St. Jakob). Heirat 10.7.1815 (prot. Kirche Baden).

2. Frau: Anna Trost von Winterthur, Tochter des Johann Michael Trost von Winterthur und der Elisabeth Forrer; getauft 9.12.1804, verheiratet mit Jakob Weiler Metzger von Sulz bei Dinhard 4.8.1837,

von diesem geschieden, gestorben nach 1867.
Heirat 29.10.1840 (Winterthur), [durch Urteil des
Bezirksgerichts Zürich von Hans Jakob Sperli
geschieden 12.3.1842].

Kinder aus 1. Ehe: 1. Hans Jakob, geboren 1.12.1815,
gestorben 4.11.1866 – *Nachfolge 5*
2. Anna, geboren 25.1.1817 (Aussersihl), getauft
1.2.1817 (Fraumünster), verheiratet mit Karl Weber
von Zürich 1842, gestorben?
3. Elisabetha, geboren 16.4.1823 (Aussersihl), getauft
23.4.1823 (St. Peter), gestorben nach 1862. Modistin
in Zürich, hatte ein uneheliches Kind Friedrich Jakob
(geboren 10.5.1856, gestorben 29.6.1856), verheiratet
1862 mit Samuel Huber von Gachnang TG, Kondukteur.
4. Anna Maria, geboren 24.10.1825 (Aussersihl),
getauft 5.11.1825 (St. Peter), gestorben 27.1.1826
(Aussersihl).

5 HANS JAKOB SPEERLI   (Sohn)
von Kilchberg. Maler und Stecher, auch zeitweise
Porzellanmaler und Modelstecher, später Instruktionsoffizier, Kapitän in englischen Diensten (?), Kondukteur
und Zugführer bei der Schweizerischen Nordostbahn-
Gesellschaft in Winterthur.
Geboren 1.12.1815 (Zürich), getauft 6.12.1815 (Fraumünster), Paten: Hans Jakob Nägeli alt Hauptmann
im Schooren und Anna Schaufelberger Frau des Lieute-
nants Schaufelberger beim Kreuz; konfirmiert 1833;
gestorben 4.11.1866 (Winterthur), begraben 7.11.1866
(Winterthur). Jugend im Kratz in Zürich, seit 1821 in
Aussersihl, Maler- und Stechertätigkeit zusammen mit
dem Vater, 1840 Wegzug von Aussersihl wohl nach
Enge, 1856 angeblich Kapitän in England, im gleichen
Jahr Rückkehr in die Schweiz, seit spätestens 1859 in
Winterthur, Angestellter der Nordostbahn-Gesellschaft.

1. Frau: Maria Elisabetha Müller von Aussersihl, Tochter des Christian Müller von Aussersihl und der geschiedenen Maria Kaspar, von Pany GR, getauft 2.6.1813, gestorben 2.8.1858, begraben 4.8.1858 (Aussersihl). Heirat 7.12.1835 (St. Peter).

2. Frau: Anna Morf von Winterthur, Tochter des Jakob Morf von Winterthur und der Katharina Fehr; geboren 5.10.1830, getauft 17.10.1830, gestorben nach 1867. Heirat 24.10.1859 (Winterthur). [Nach dem Tod des Hans Jakob Speerli nochmals verheiratet mit Rudolf Spillmann von Niederhasli 2.10.1867, wohnhaft in Niederweningen.]

Kinder aus 1. Ehe: 1. Bertha, geboren 17.3.1836 (Aussersihl), getauft 26.3.1836 (St. Peter); konfirmiert 27.3.1853 (Enge); verheiratet mit Johannes Ritter, von Schiers GR, 1861.

2. Robert, geboren 25.9.1837 (Aussersihl), getauft 14.10.1837 (St. Peter); konfirmiert 16.6.1854 (Enge), verheiratet mit Elisabeth Kuhn von Schlossrued AG 24.4.1865; Schriftsetzer in Holstein.

3. (Zwilling) Maria, geboren 28.3.1839, getauft 6.4.1839 (St. Peter), gestorben 25.7.1839.

4. (Zwilling) Sophie, geboren 28.3.1839, getauft 6.4.1839 (St. Peter); konfirmiert 23.3.1856 (Enge); gestorben 14.8.1888 (in Hottingen).

5. Karl Emmanuel, geboren 7.8.1840, gestorben 25.8.1887 – *Nachfolge 6*

6 KARL EMMANUEL SPEERLI

von Kilchberg. Tapezierer in Zürich, später Tapeziermeister in Basel (vor 1874–1887). Geboren 7.8.1840 (Enge?), getauft 5.9.1840 (St. Peter); konfirmiert 4.4.1858 (Enge); gestorben 25.8.1887 (Basel), begraben 27.8.1887 (Basel, St. Theodor). In Basel wohnhaft zuerst Clarastrasse 19, dann (1887) Hammerstrasse 55.

1. Ehe: Josephine Böhm von Molsheim (Elsass), katholisch. Tochter des Philip Böhm von Molsheim und der Katharina Winkler; geboren 25.1.1841, getauft 31.1.1841, gestorben 3.7.1866, begraben 6.7.1866 (Neumünster Zürich katholischer Friedhof). Heirat 18.5.1863 (Grossmünster).

2. Ehe: Maria Verena Grüninger von Basel. Tochter des Johann Jakob Grüninger von Basel und der Rosina Gisin; geboren 18.11.1850, getauft 1.12.1850, konfirmiert 1866, gestorben nach 1890 (ausserhalb Basels). Heirat 12.11.1874 (Basel, St. Theodor). Wohnhaft in Basel, von 1877–1886 Clarastrasse 19, ab 1887 Hammerstrasse 55, Beruf Näherin.

Kinder aus 1. Ehe: 1. Elise, geboren 1.6.1863 (getauft im Grossmünster), gestorben 22.8.1868 in Molsheim.
2. Augustine, geboren 3.3.1865, getauft 8.7.1865 (Neumünster). Ab ca. 1874 in Basel, von 1891–1901 Arbeiterin in Basel, wohnhaft Hammerstrasse 55. Hatte uneheliche Zwillinge: 1. Elsa, 2. Alice Irmgard, geboren 11.10.1903. Verheiratet mit Joseph Frei aus Nesslau 7.4.1904 [der die Tochter Alice Irmgard 4.8.1904 als legitim anerkannte].

Aquarelle und Handzeichnungen

Meersburg

nr. 1

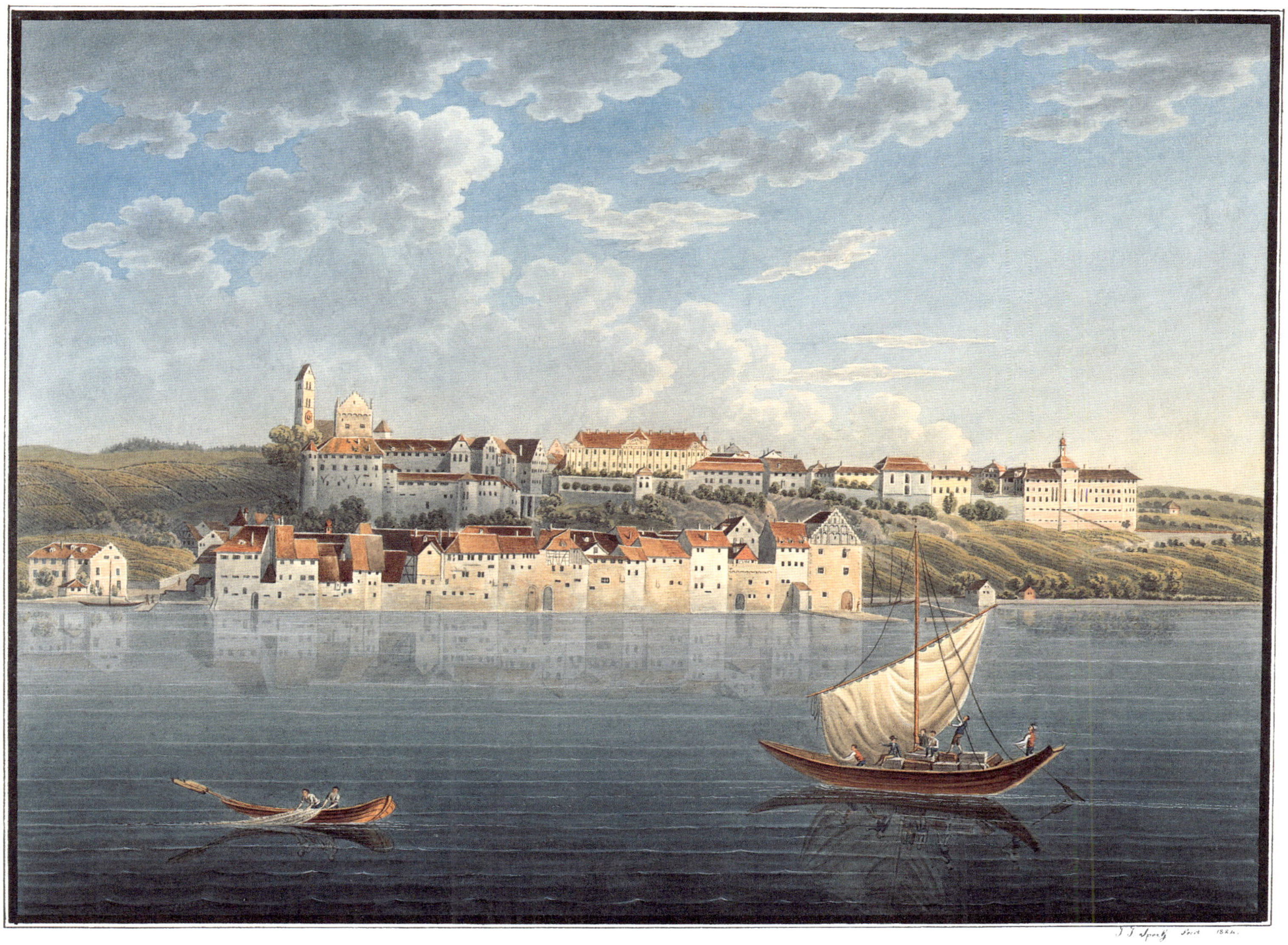

J J Sperli fecit 1824.

Meersburg
nr. 2

J. Jaques Sperli fecit.

Konstanz

nr. 3

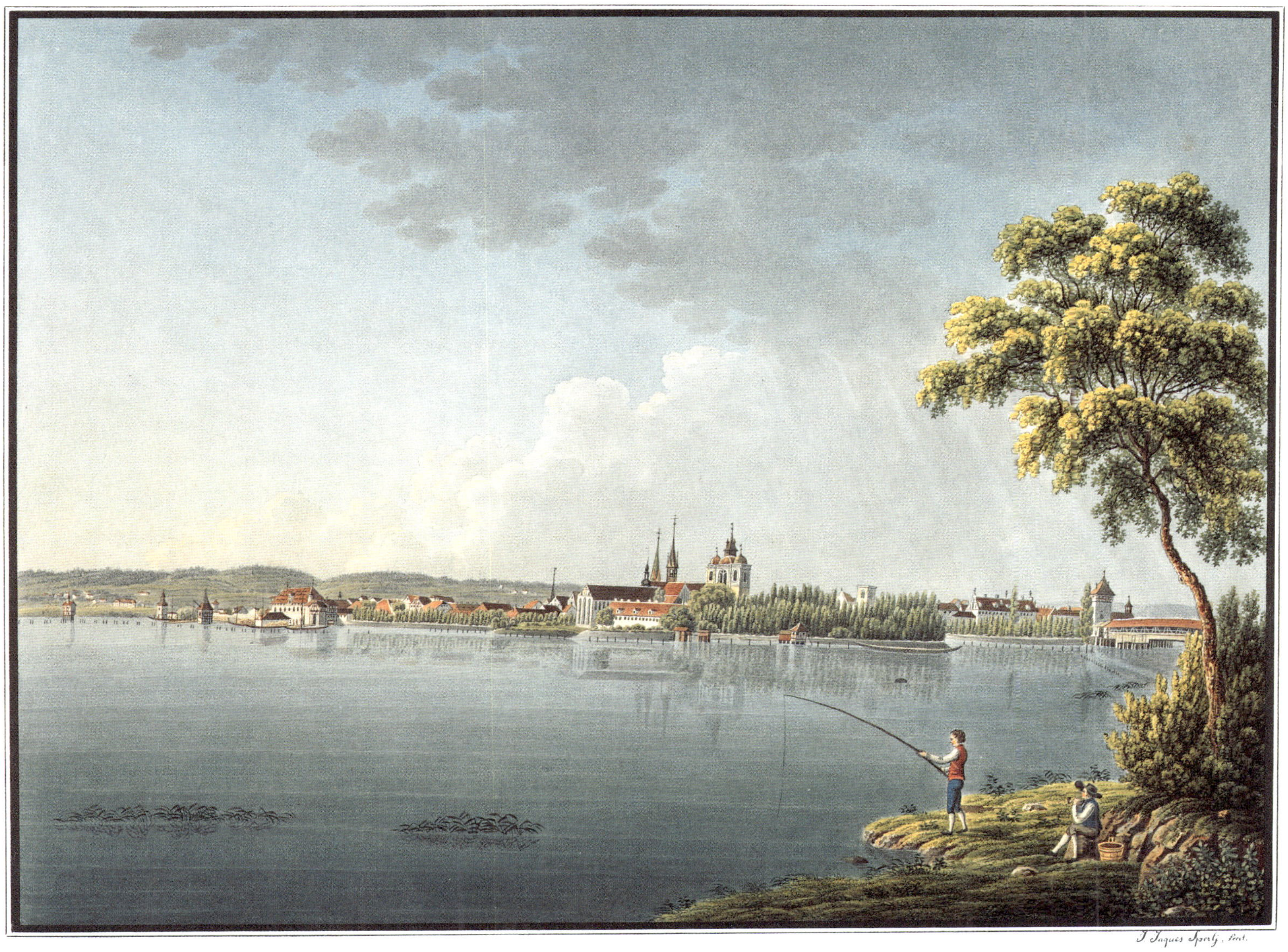

J. Jaques Sperly, fecit.

Insel Mainau
nr. 4

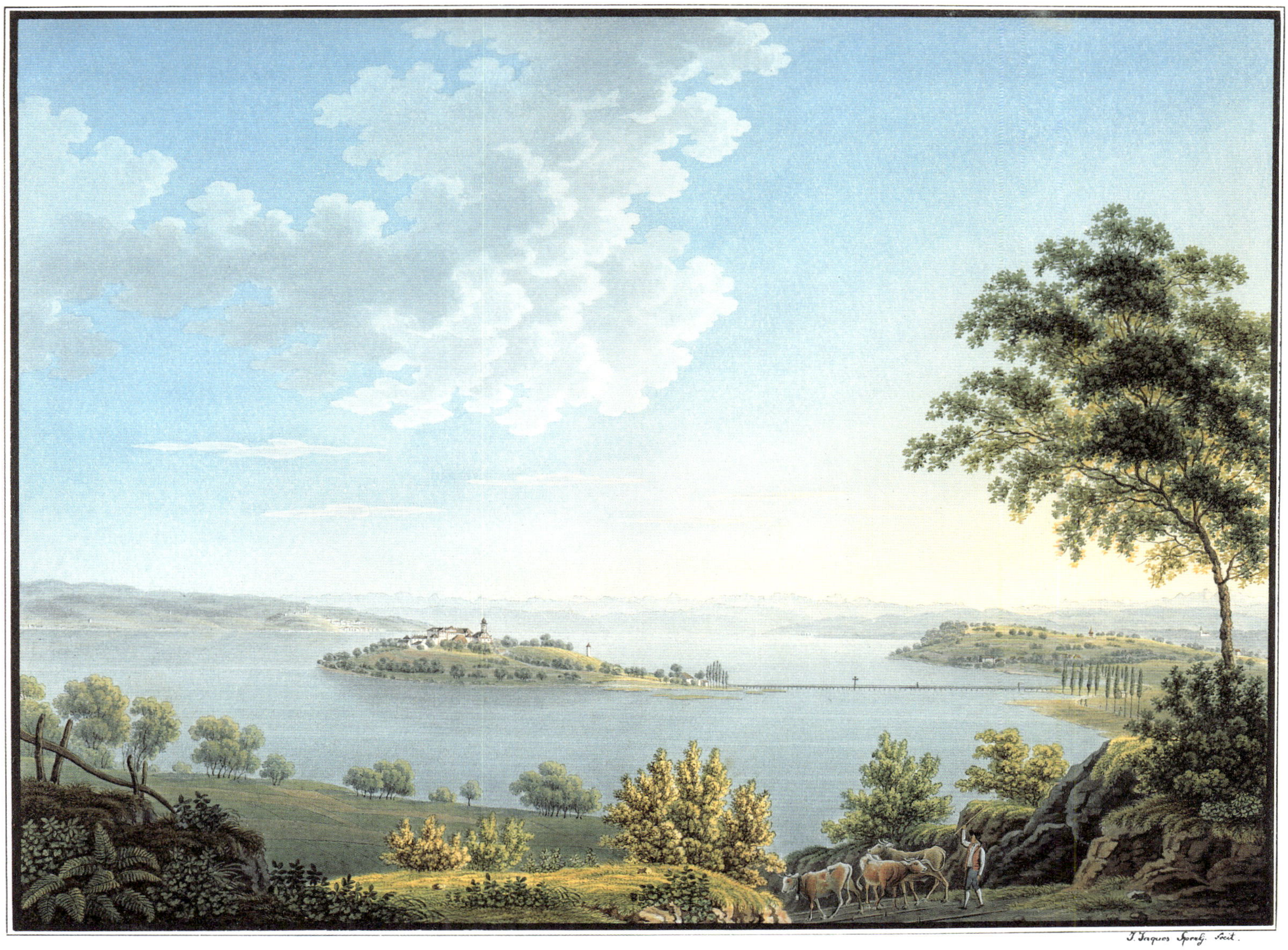

J. Jaques Sperli fecit.

Kloster Salem

NR. 5

J. Jaques Sperli, fecit.

Insel Reichenau
nr. 6

J. Jaques Sperli, fecit.

64 Radolfzell

nr. 7

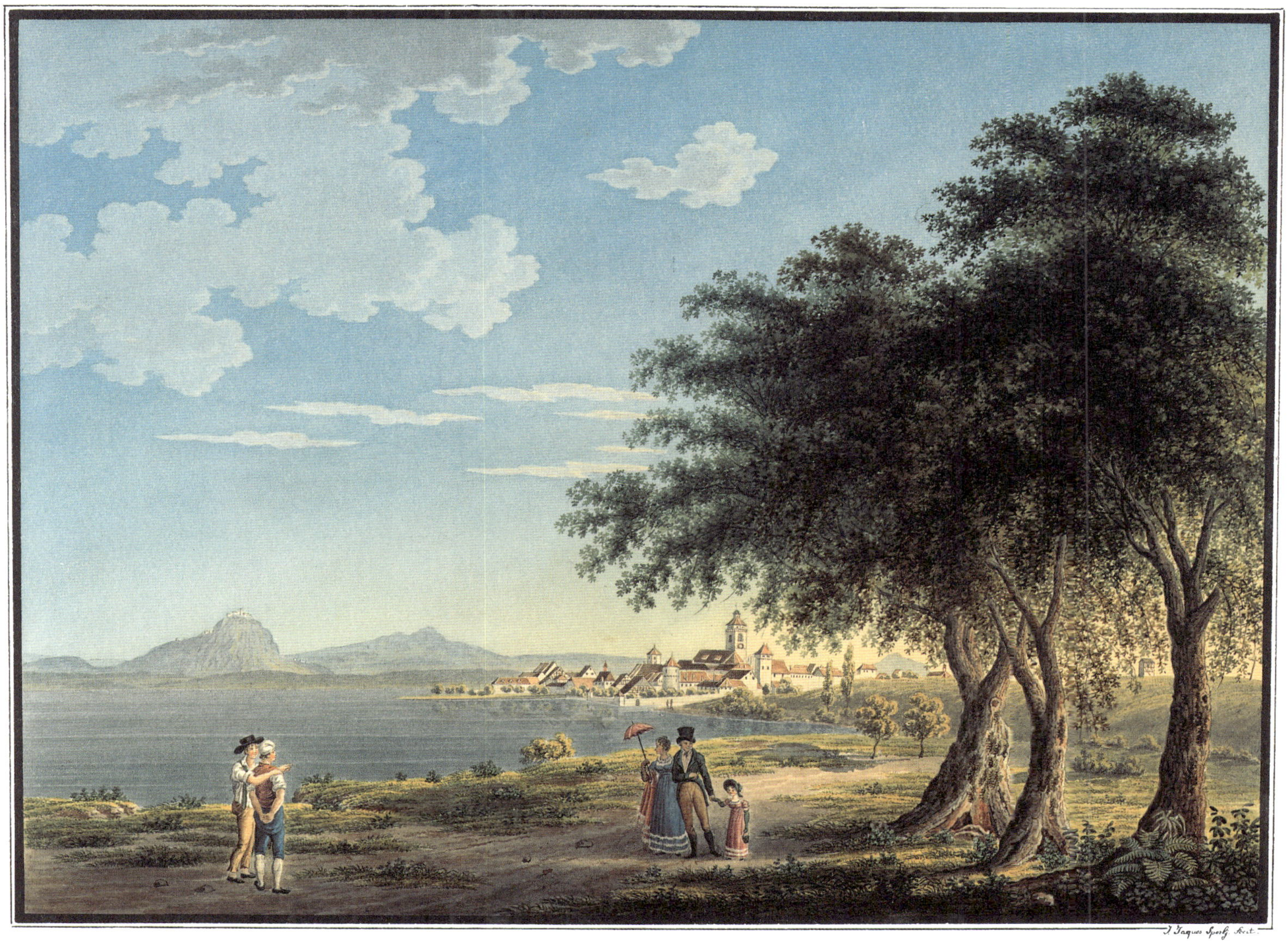
J. Jaques Sperli fecit.

Engen mit Ruine von Hohenhewen
nr. 8

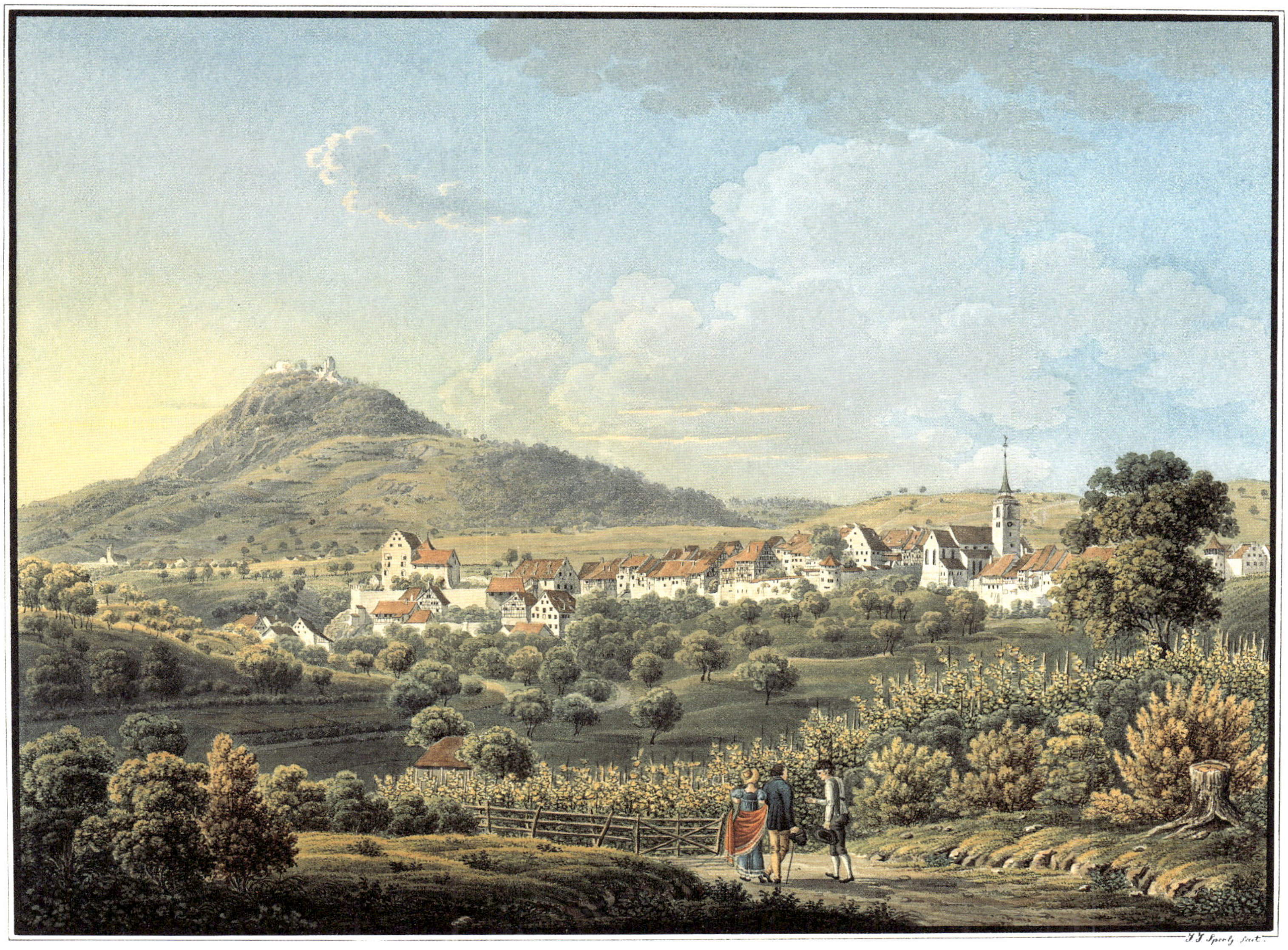

J. J. Sperly fecit.

Donaueschingen

nr. 9

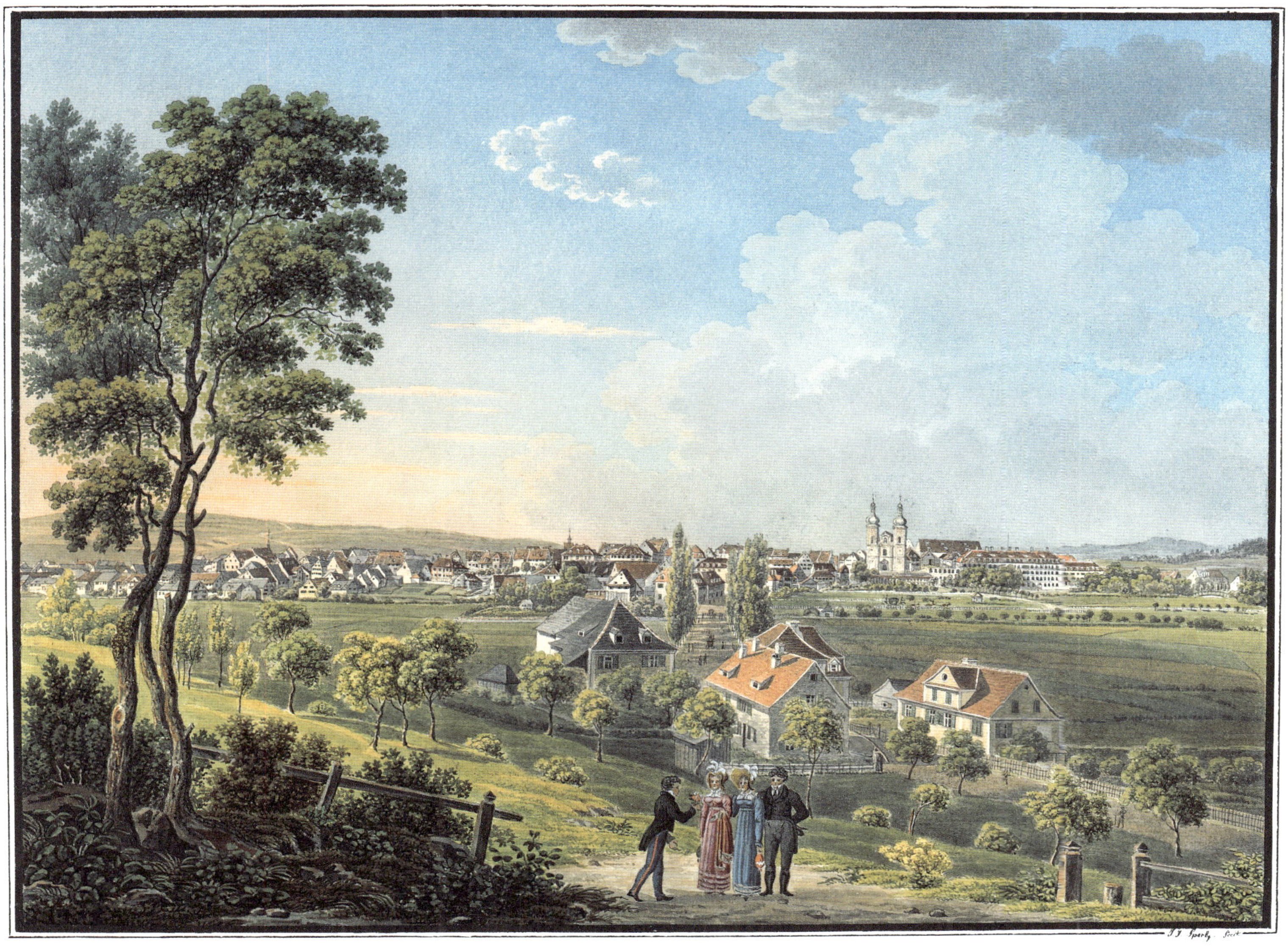

J. J. Sperly fecit

BADENWEILER

NR. 10

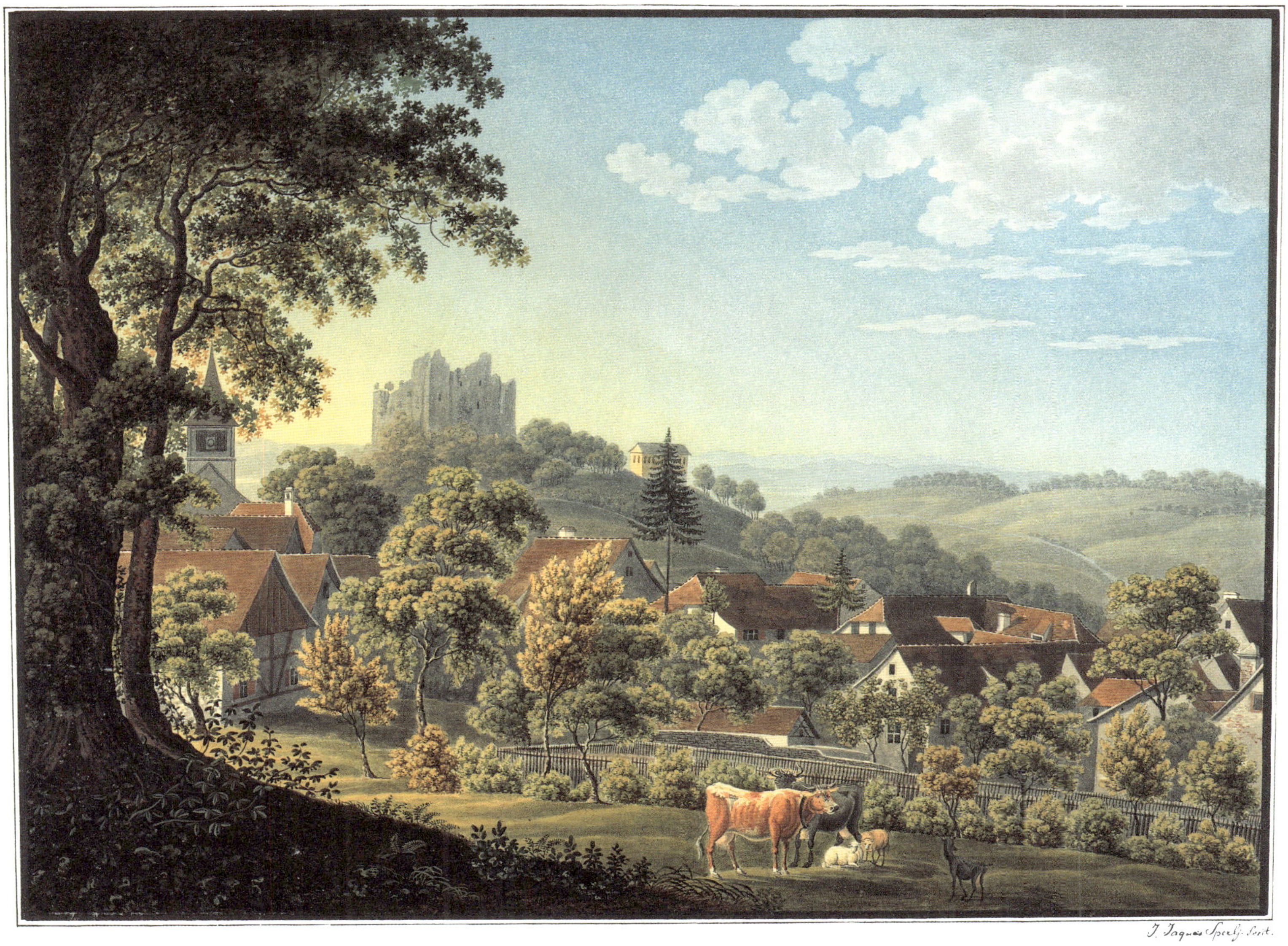

J. Jaques Sperlj. fecit.

STAUFEN

NR. 11

J. Jaques Sperli, fecit.

Freiburg i. Br.

nr. 12

F. Jaques Sperly fecit 1824.

NR. 13

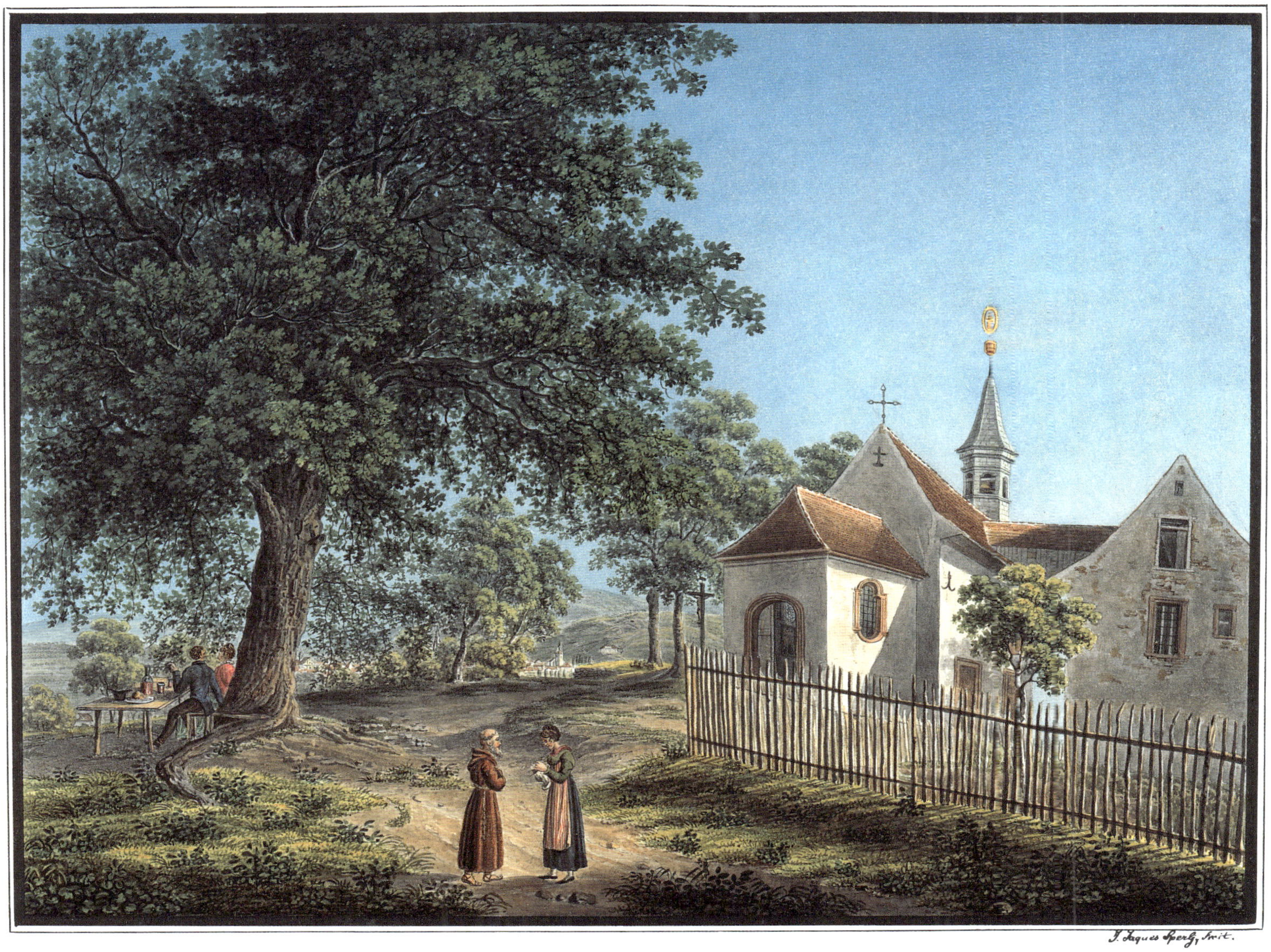

J. Jaques Sperli, fecit.

78   Ruine der Burg Zähringen
                    nr. 14

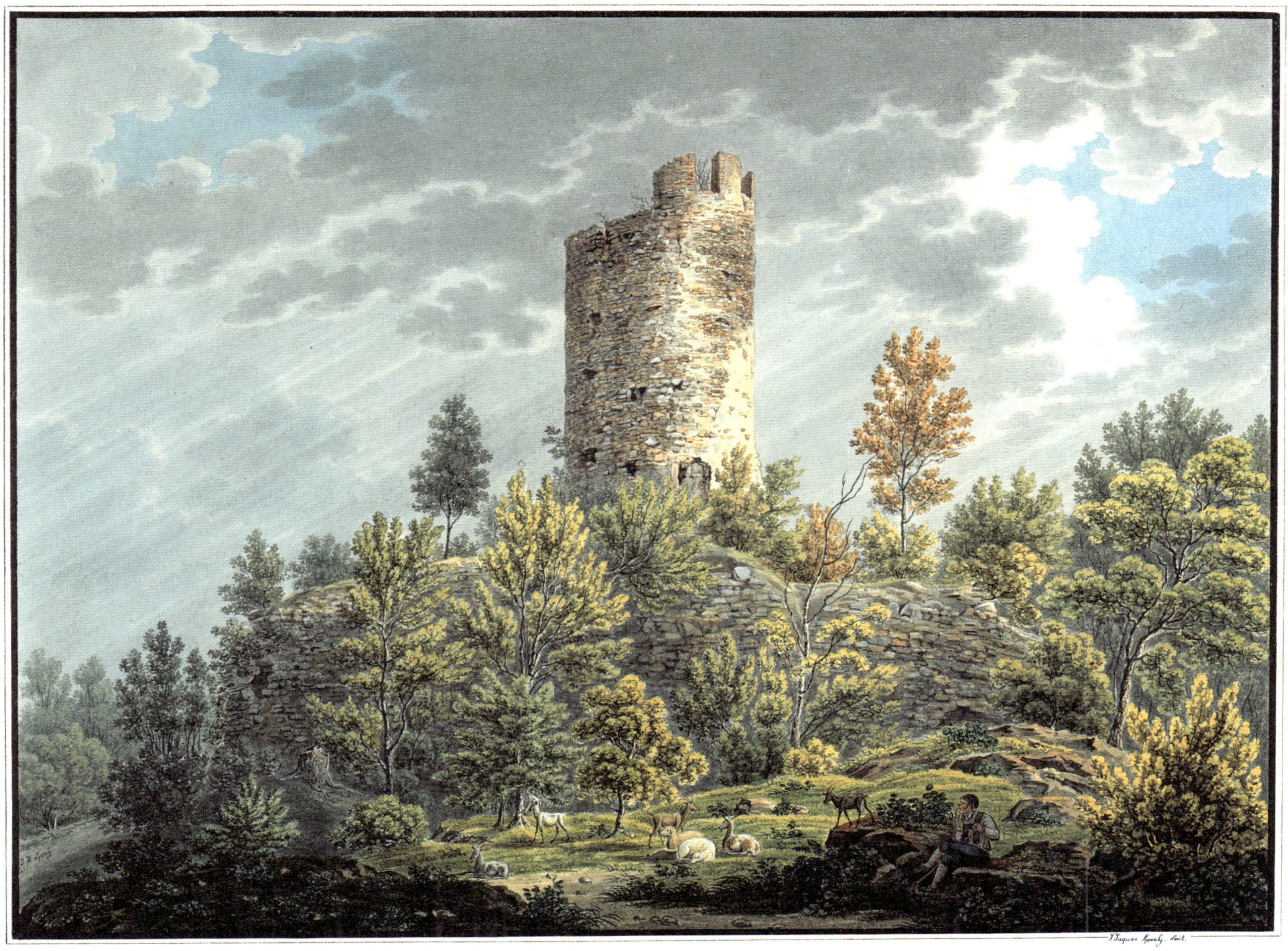

Ruine der Burg Hochburg
nr. 15

J. Jaques Sperli fecit.

OFFENBURG

NR. 16

J. Jaques Sperli, fecit.

84   Baden-Baden
             nr. 17

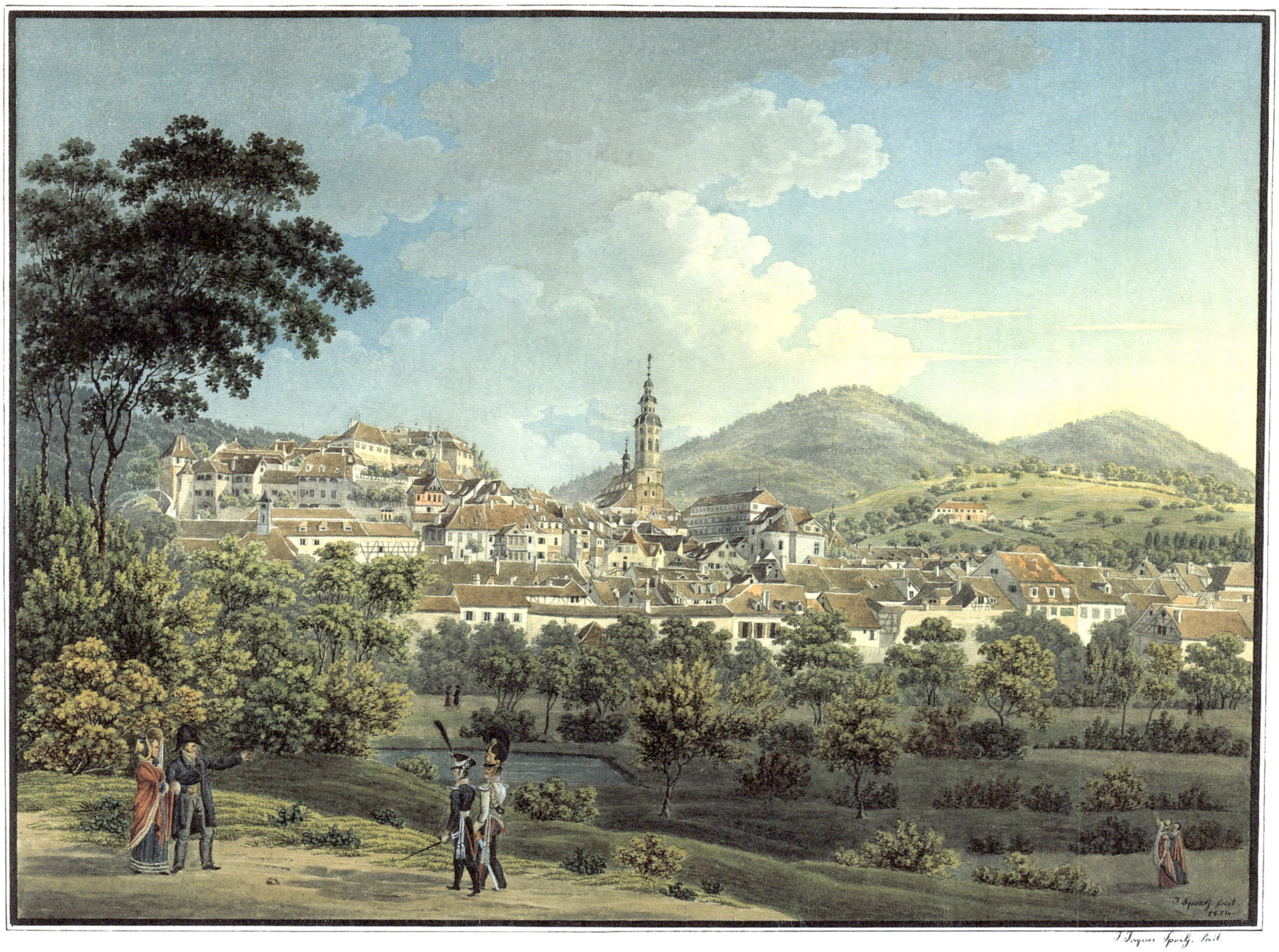

J. Jaques Sperli. fecit.

86   SCHLOSS KARLSRUHE
                   NR. 18

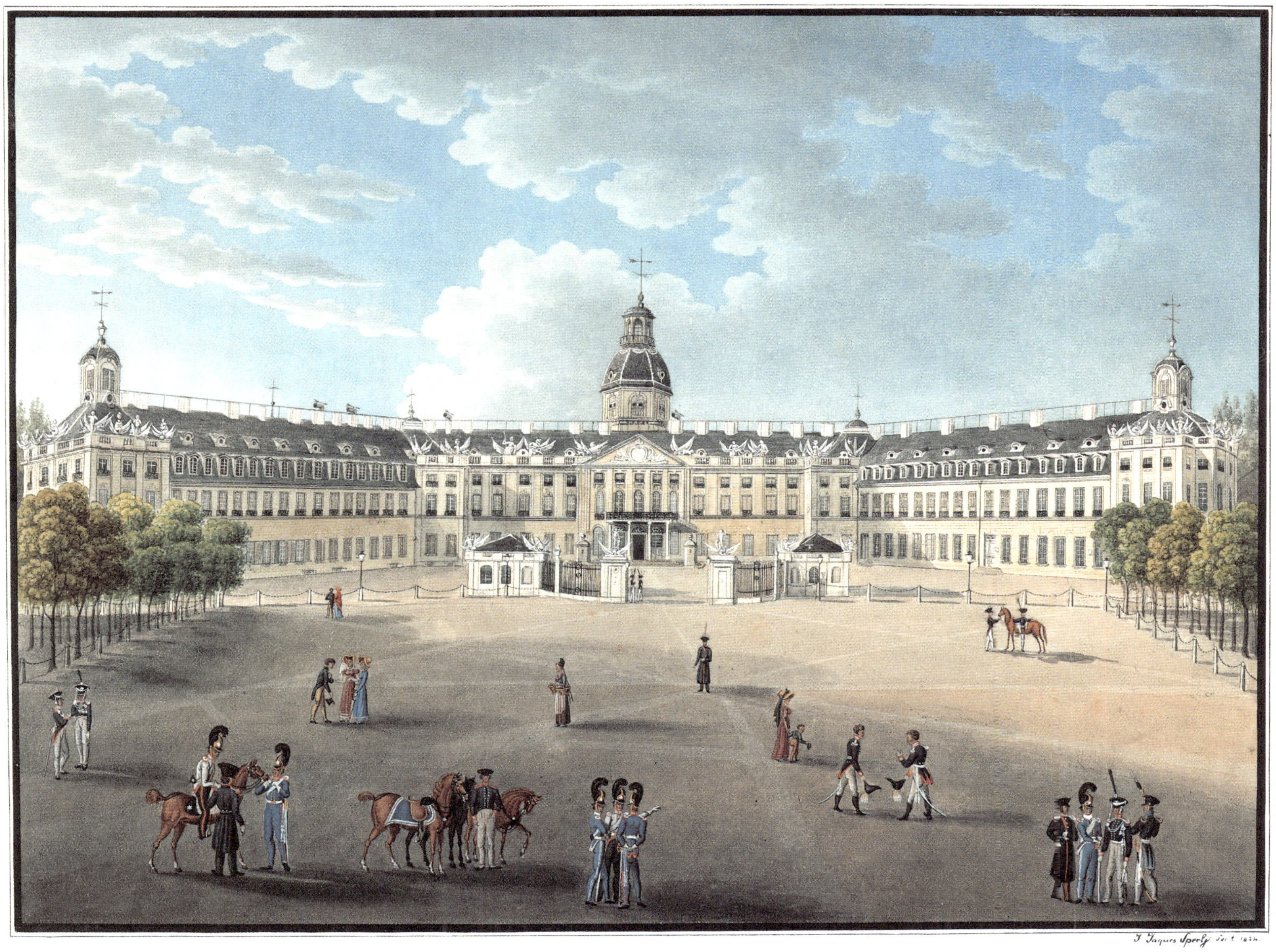

J. Jaques Sperly fec.t 1824.

SCHLOSS KARLSRUHE

NR. 19

J. Jaques Sportly pinxt. 1824.

Das Kadettenhaus beim Schloss Karlsruhe
NR. 20

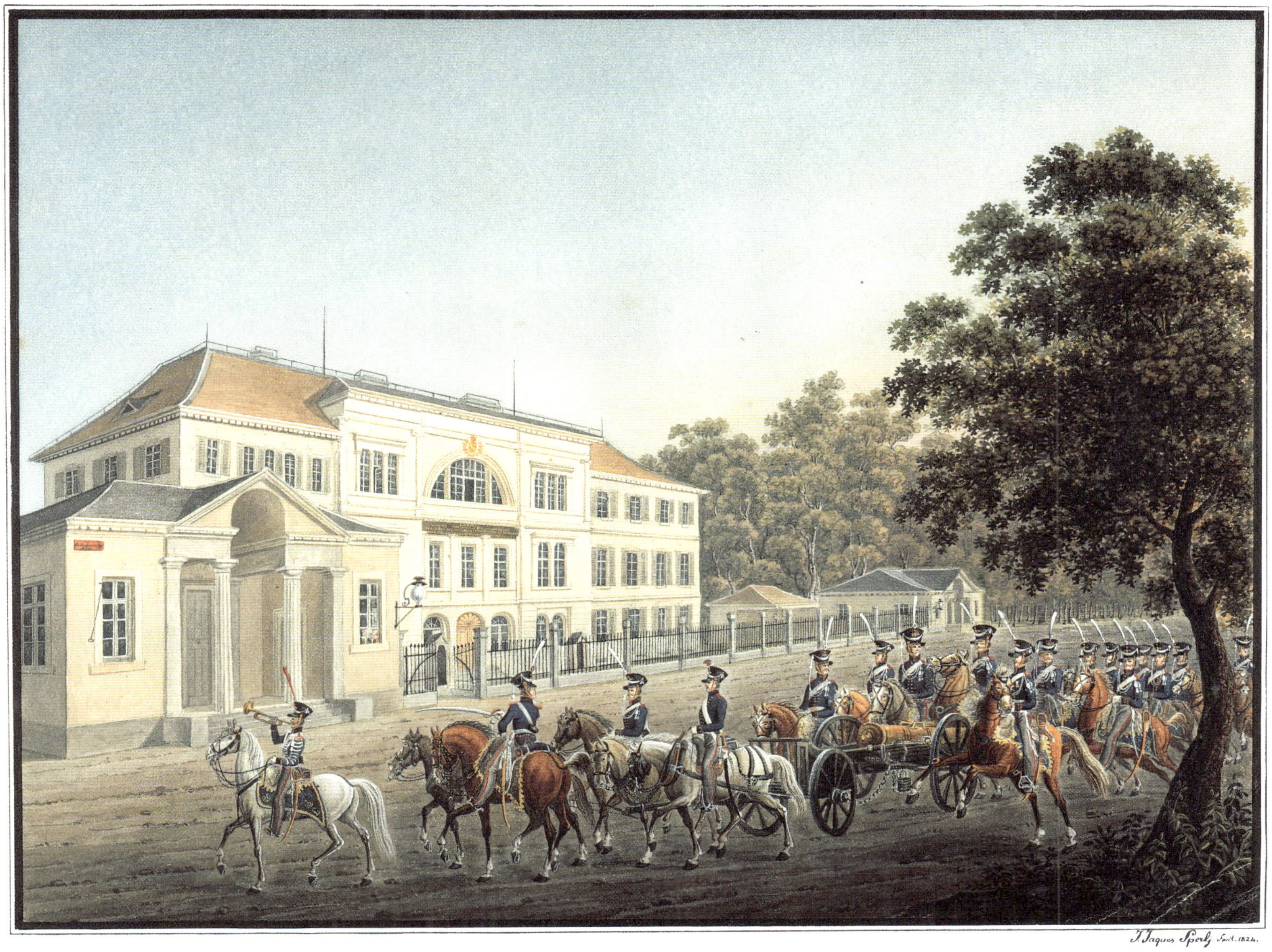

J. Jaques Sperli. Fecit. 1824.

Der Fröschengraben und das Rennwegtor in Zürich
Nr. 21 Lichtschirm

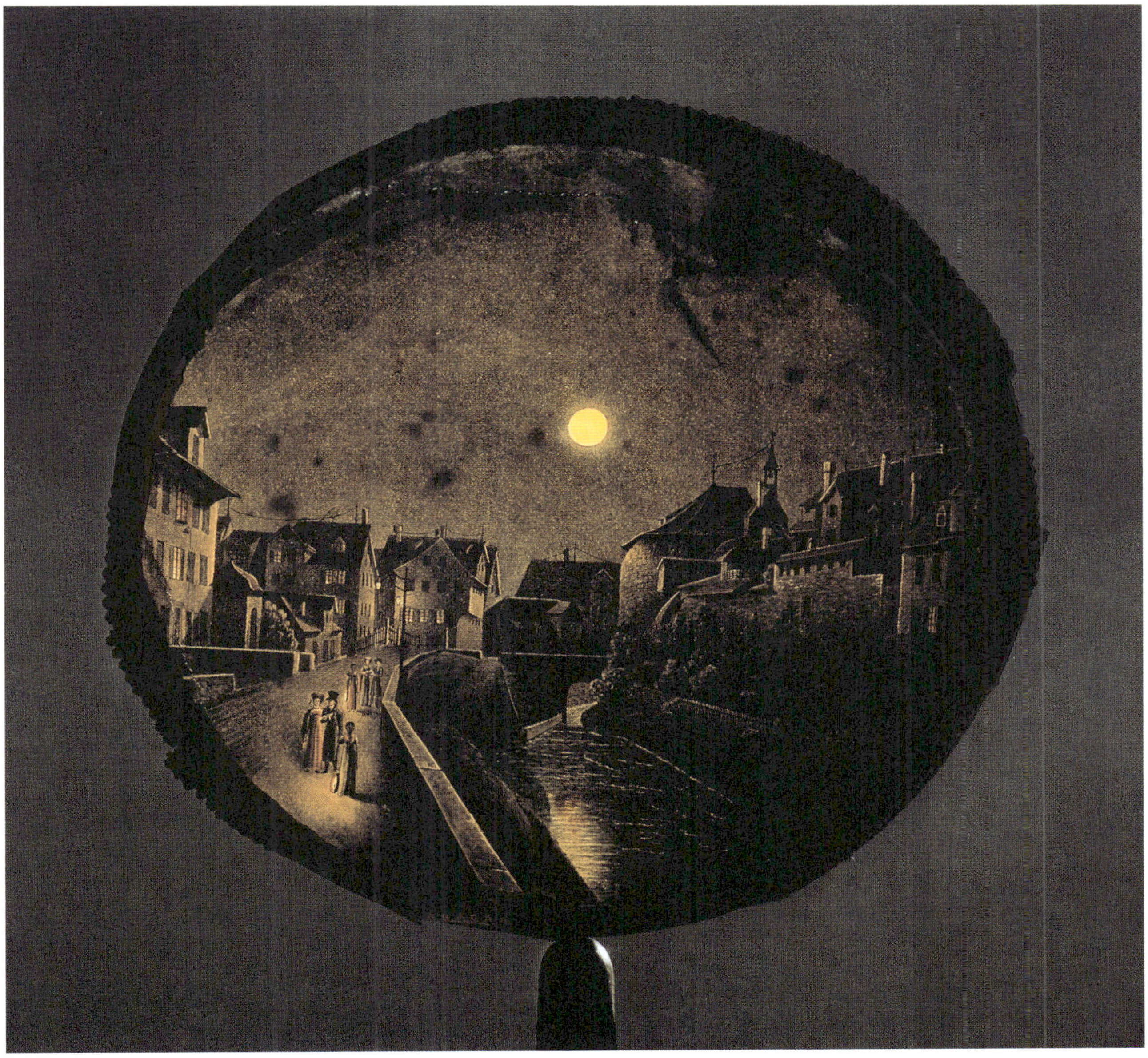

Krönli und Rechberg in Zürich
NR. 22 LICHTSCHIRM

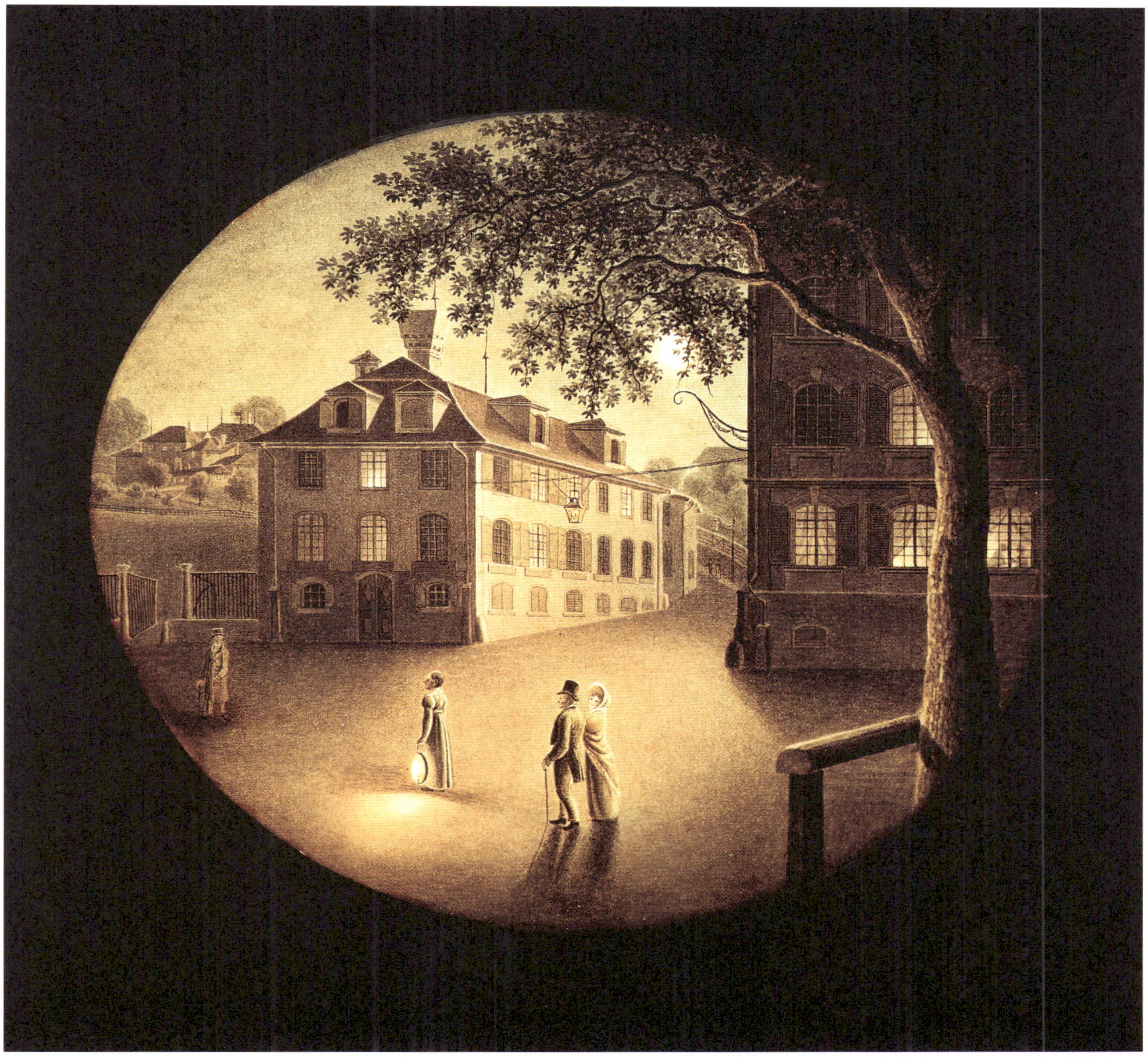

96 JUNGFRAU, VON ISENFLUH AUS
NR. 24

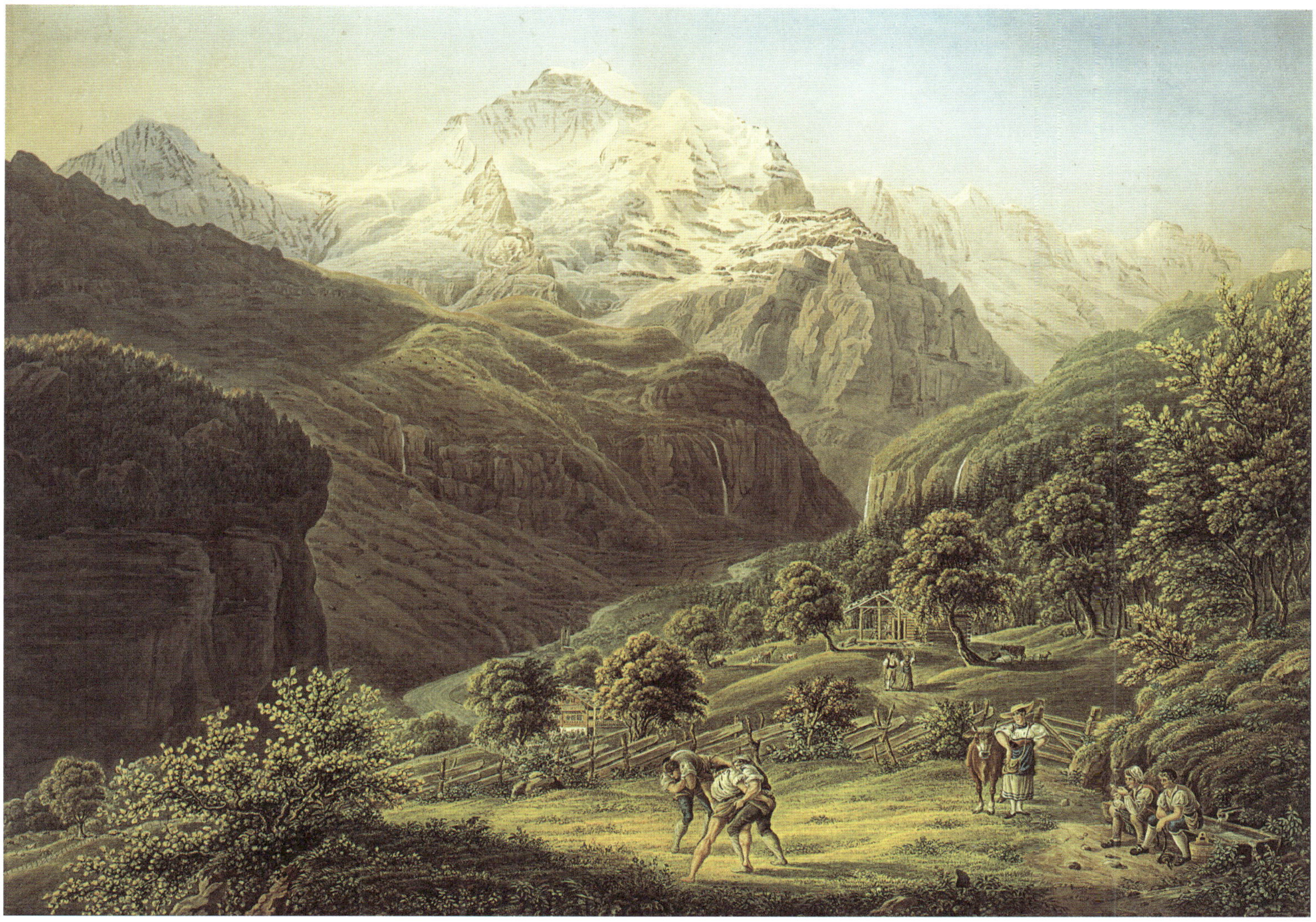

98 KAISERSTUHL, RUINEN DES ESCHERHOFS
NR. 25

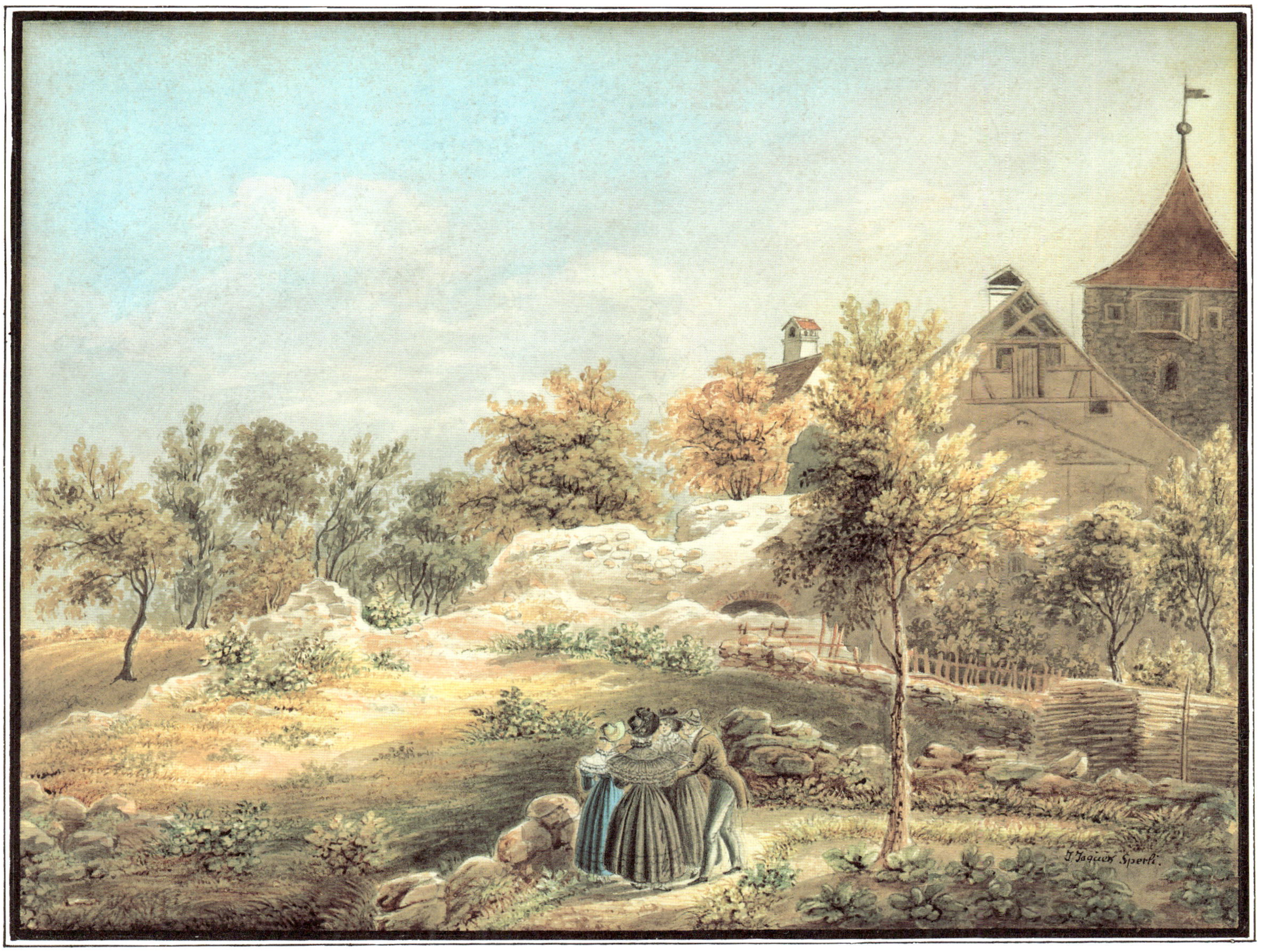
J. Jaques Sperli.

KAISERSTUHL, RUINEN DES ESCHERHOFS
NR. 26

J. Jaques Sperli

Brücke von Kaiserstuhl und Schloss Rötteln
nr. 27

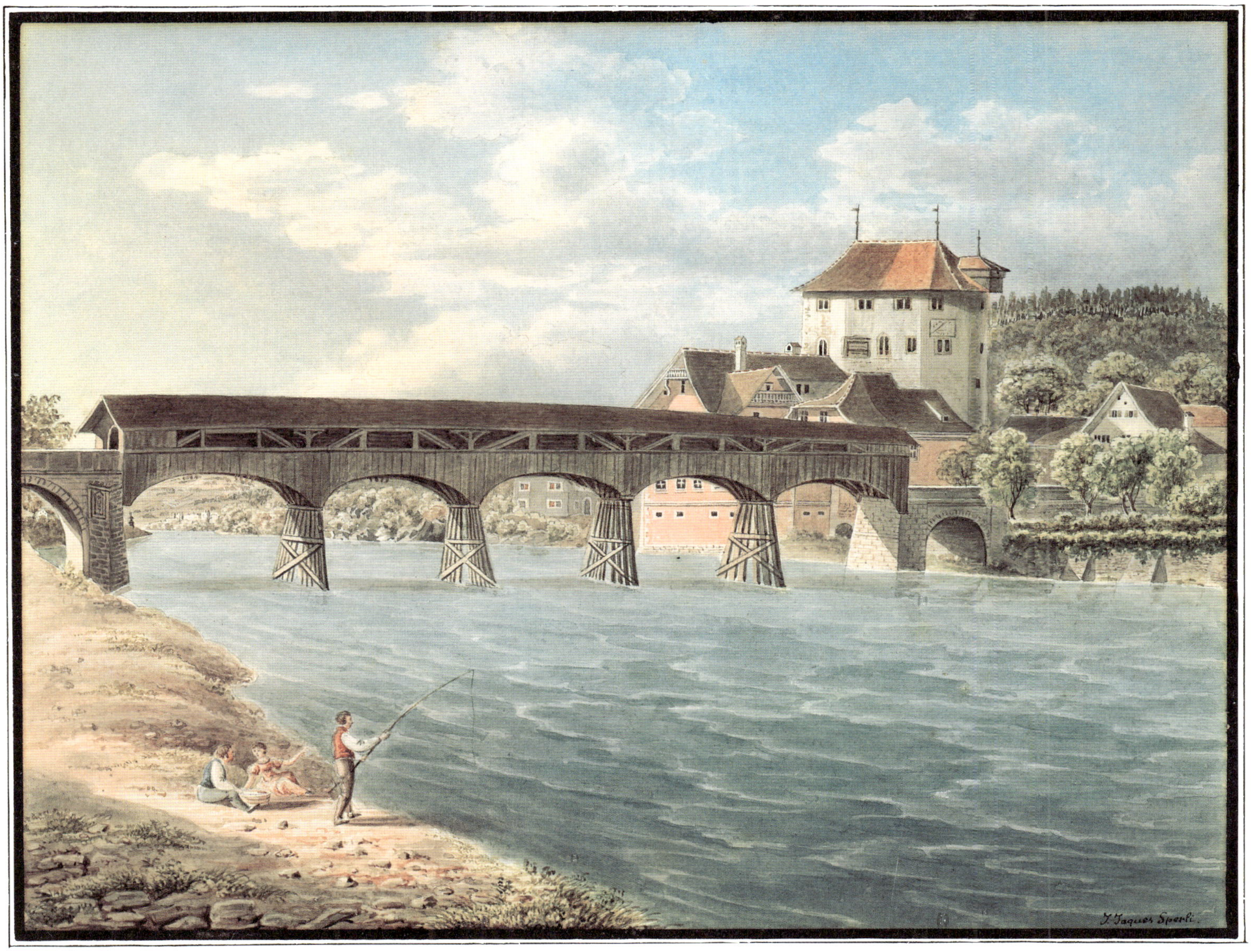
J. Jaques Sperli.

Schloss Rötteln bei Kaiserstuhl
nr. 28

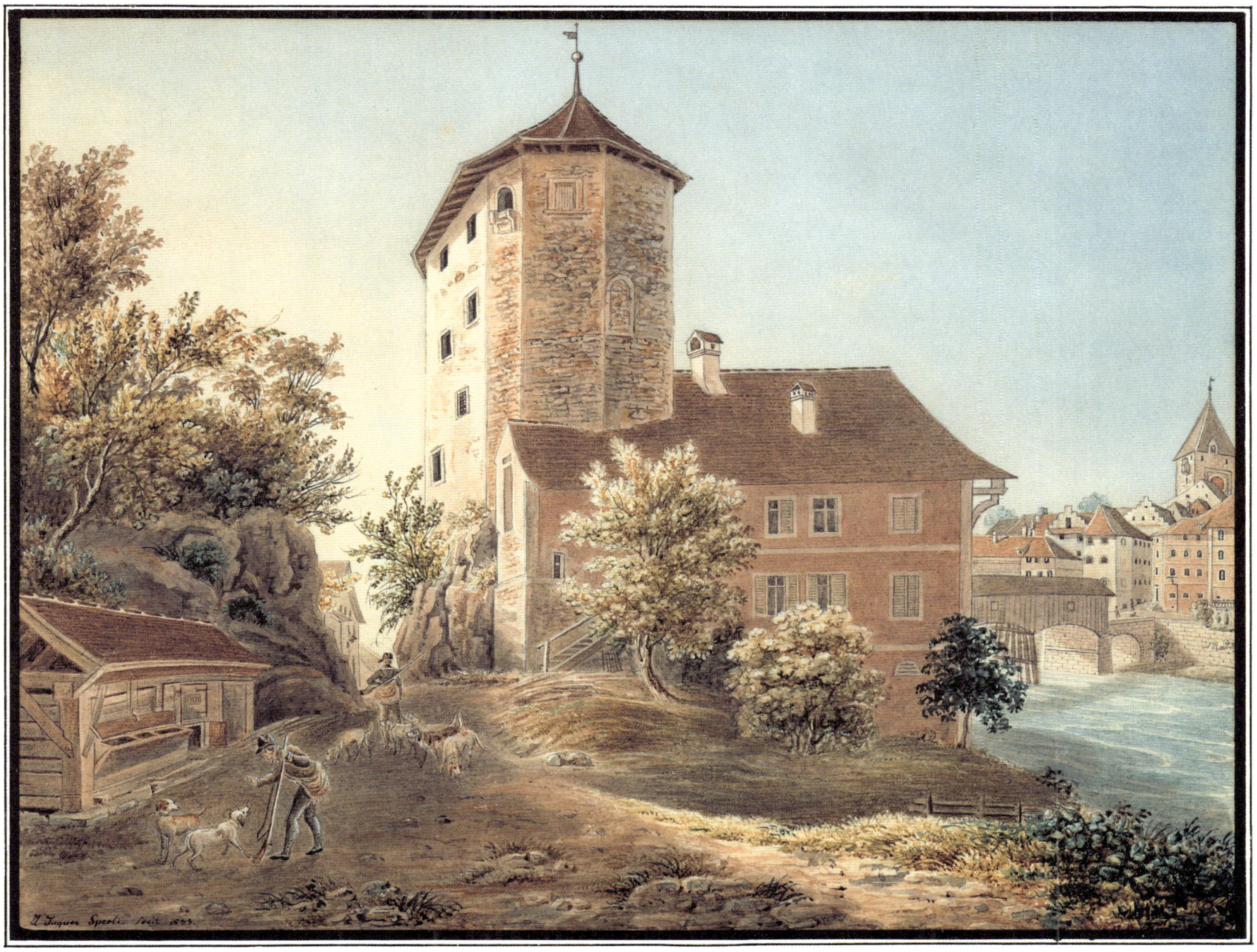
J. Jaques Sperli fecit

106 OLTEN

NR. 29

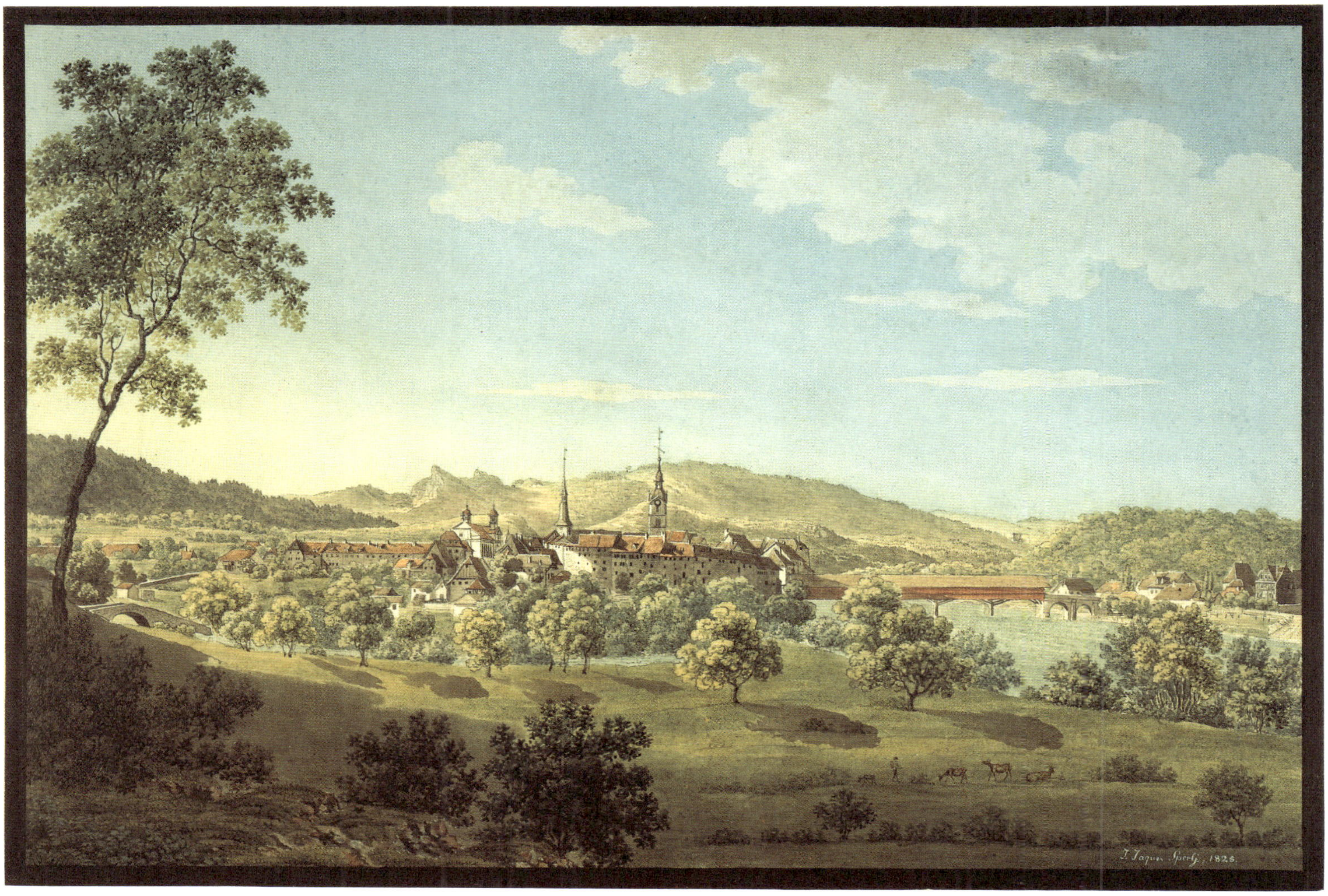
J. Jaques Sperly, 1826.

108 SIGRISWIL
NR. 31

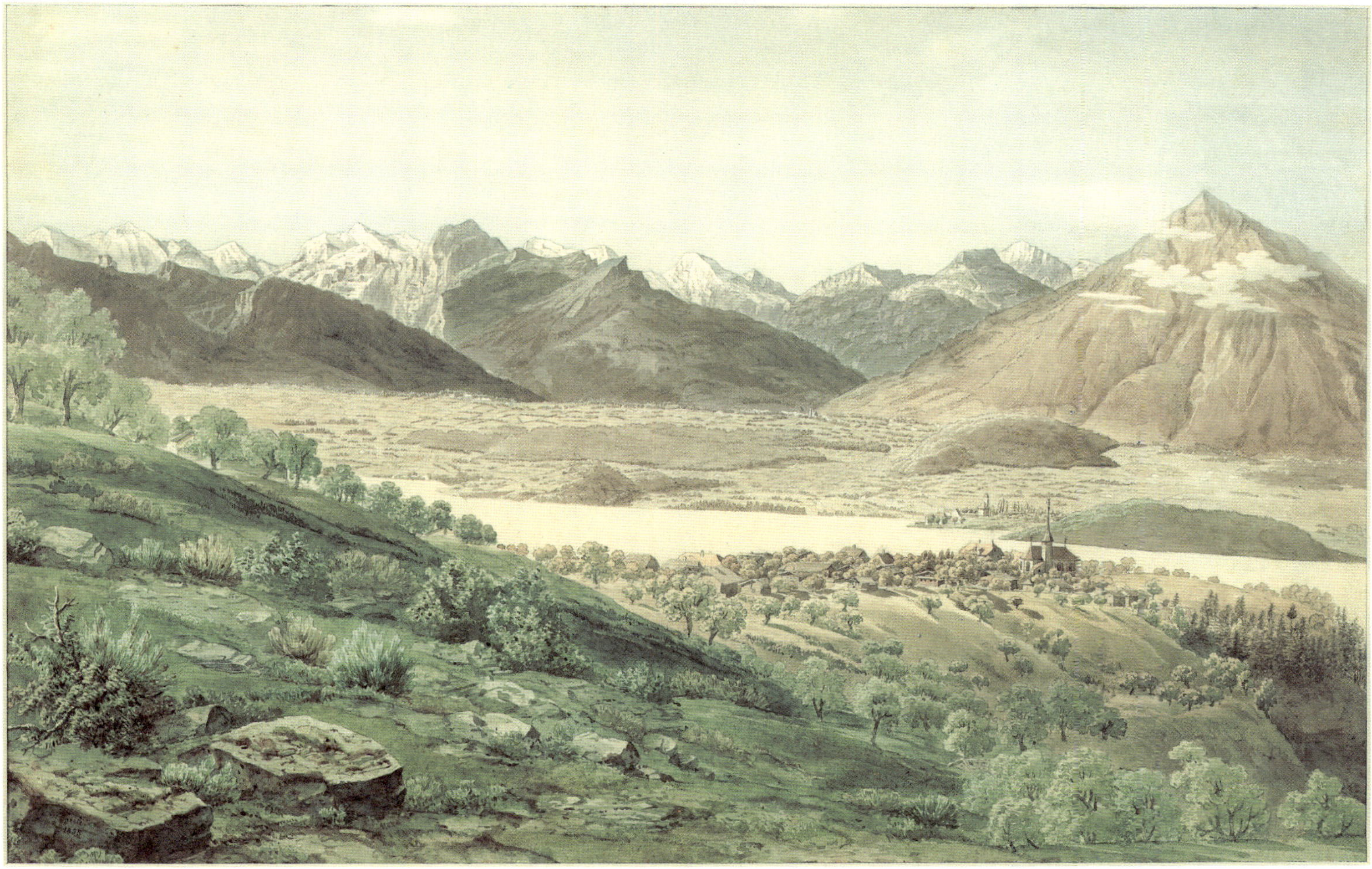

Solothurn, Denkmal für Robert Glutz-Blotzheim
Nr. 32

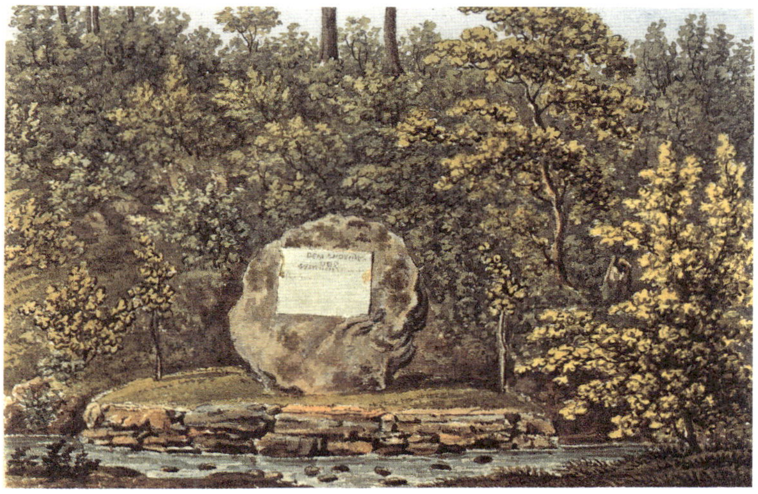

UNBEKANNTES GEBÄUDE I
NR. 33

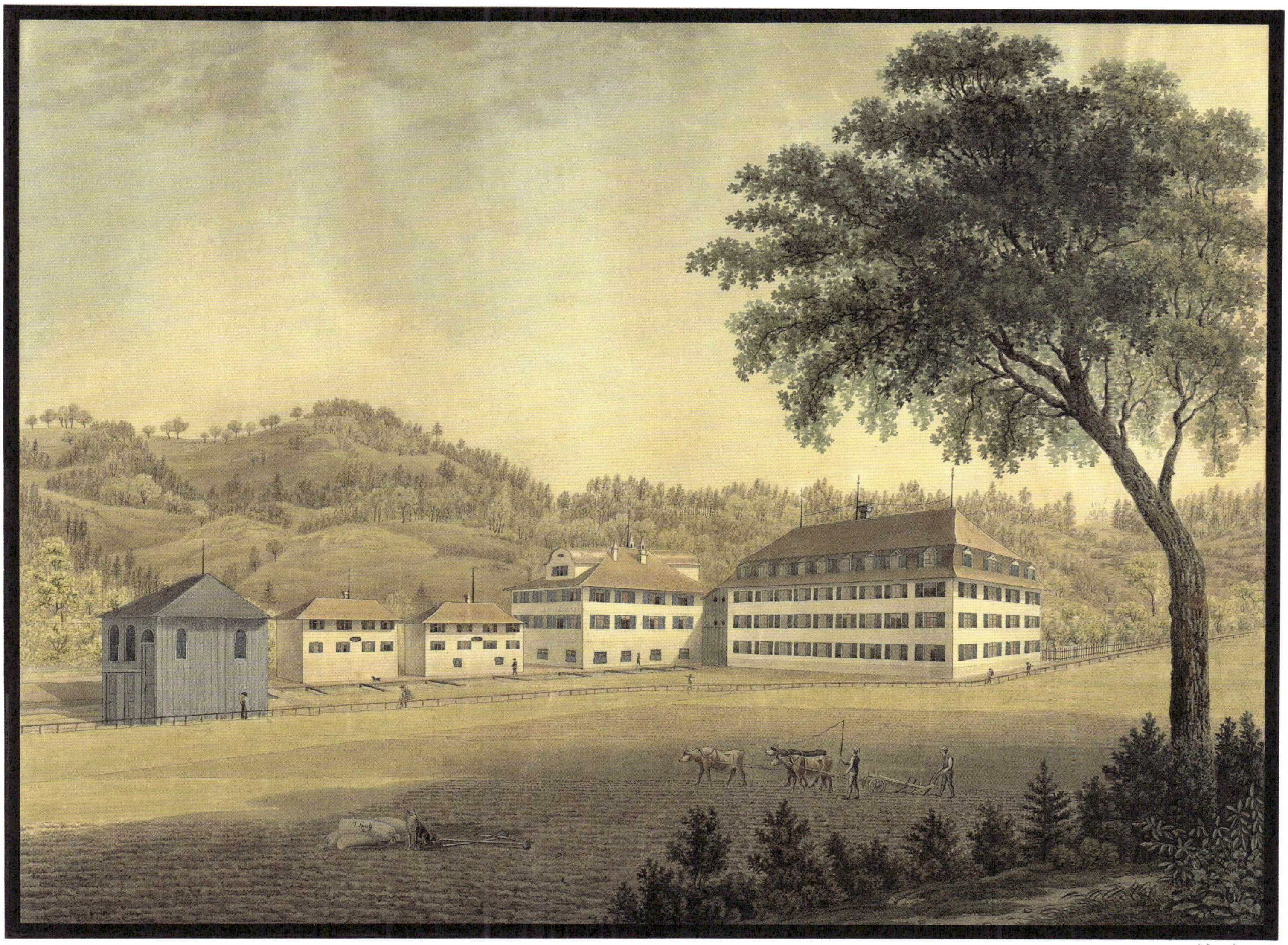

J. Jaques Sperly fecit

UNBEKANNTES GEBÄUDE 2
NR. 34

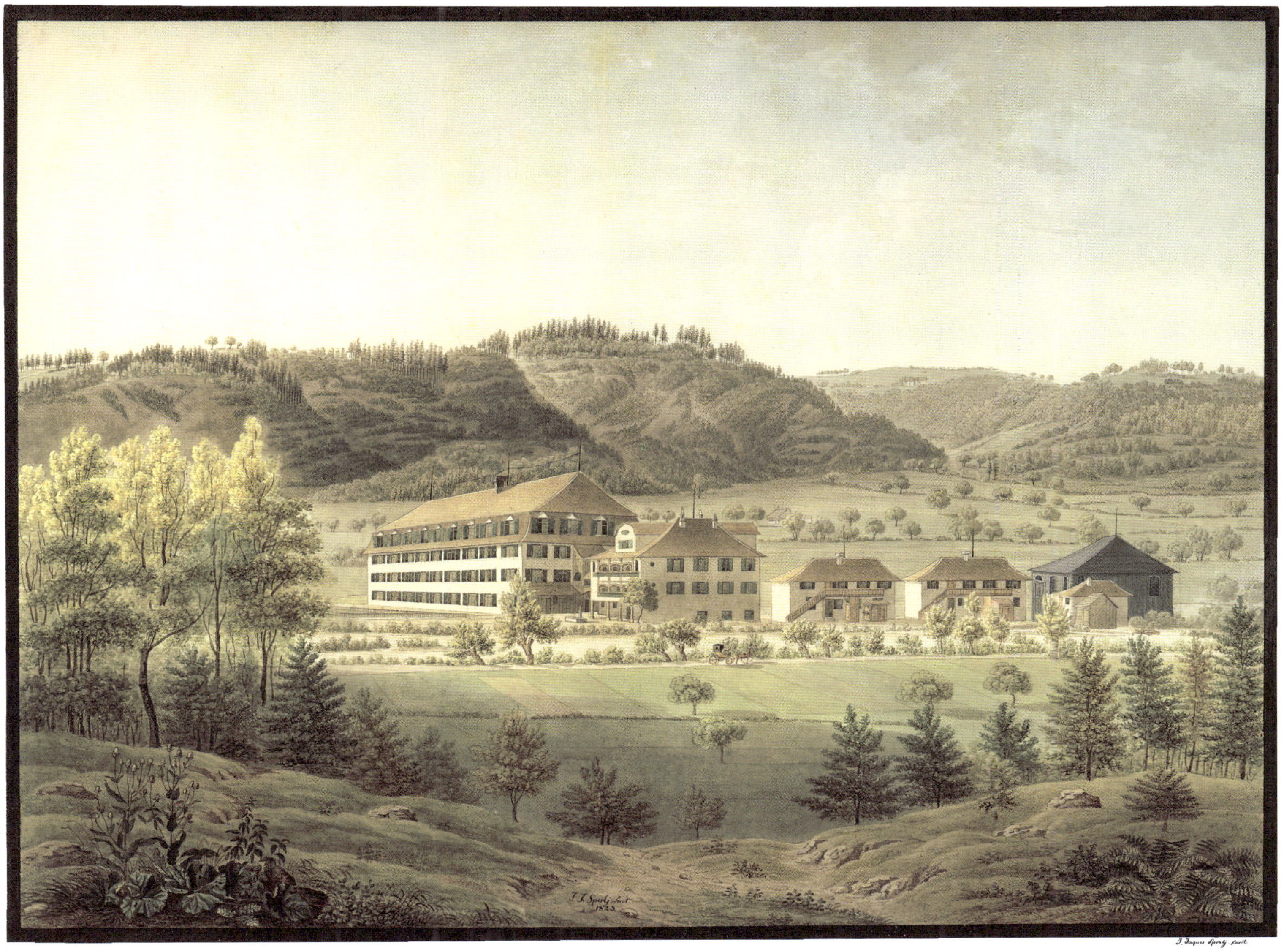

116 ZÜRICH-ALTSTETTEN, KIRCHE UND PFARRHAUS
NR. 44

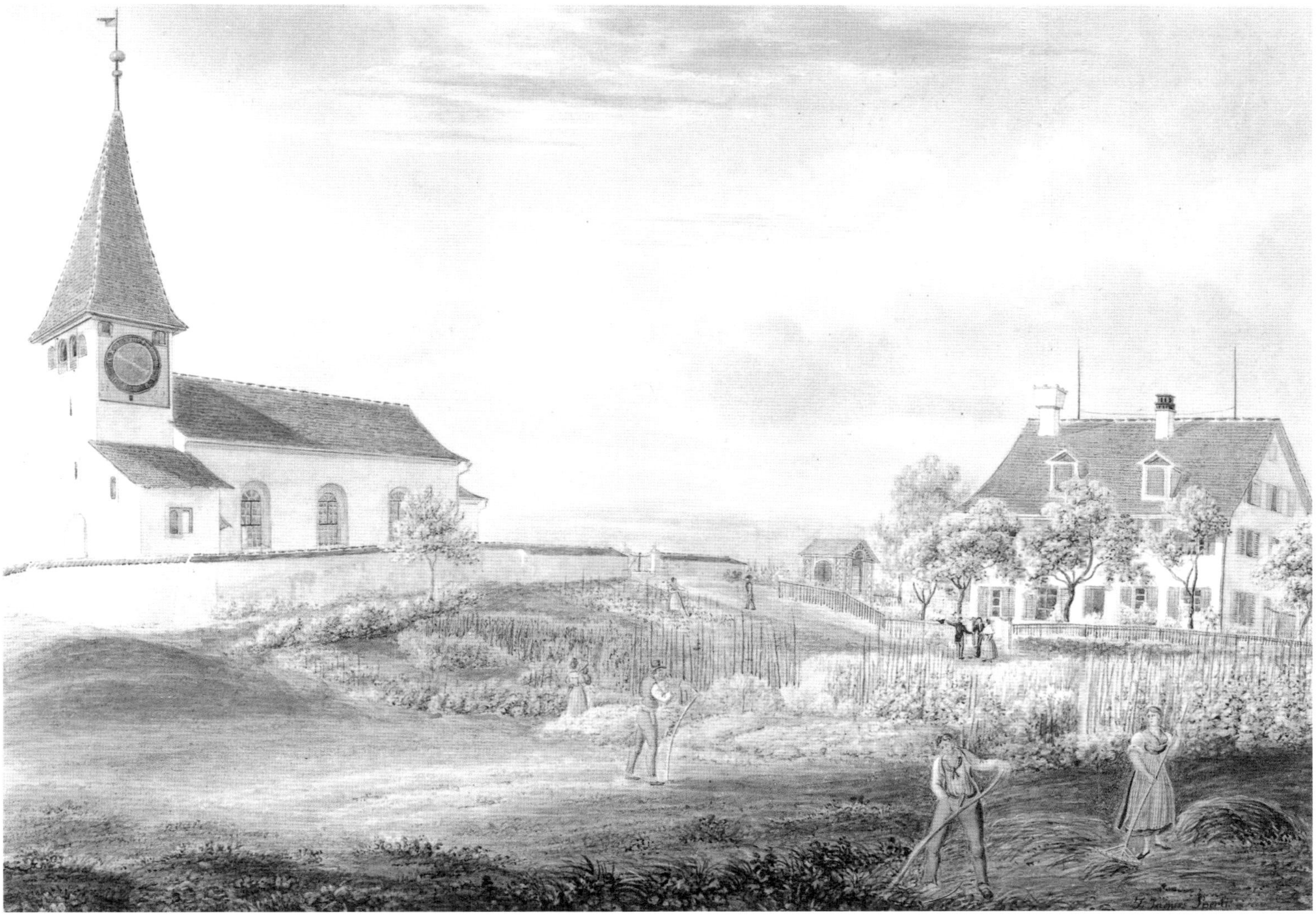

| 118 | GENFERSEE
NR. 46

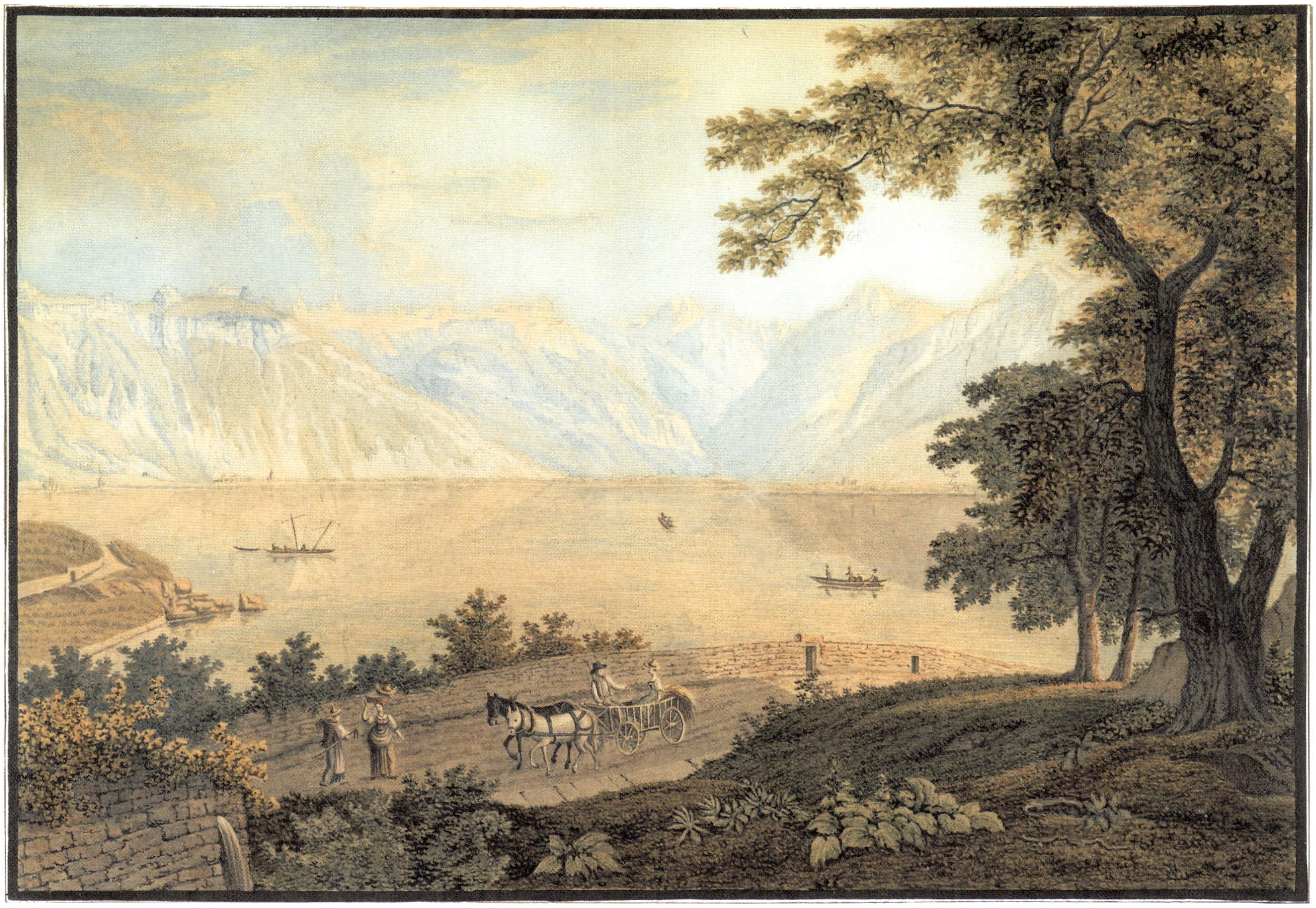

Verzeichnis der Aquarelle und Handzeichnungen

J.J. Sperli d. Ä. tat sich nicht nur als Stecher in der Aquatintamanier hervor, sondern auch als Landschaftszeichner und Aquarellist. Man darf ihn als solchen sogar für eher begabter halten. Wäre die Handzeichnung damals als Kunstprodukt gesuchter und besser bezahlt gewesen, hätte Sperli als Künstler gewiss mehr Erfolg gehabt, und er hätte sich nicht hauptsächlich als Reproduktionsstecher sein Brot verdienen müssen. Es ist bedauerlich, dass von seiner Hand nicht mehr Aquarelle überliefert sind. Ohne eine intensive Suche nach den Originalen betrieben zu haben, sind rund 50 von ihm signierte Originale gefunden worden. Als das qualitativ Beste und gleichsam als sein Hauptwerk muss man eine Folge von zwanzig sehr sorgfältig ausgeführten Veduten aus dem Grossherzogtum Baden halten, heute im Hessischen Landesmuseum zu Darmstadt. Dazu kommen zwei sogenannte Lichtschirme mit Nachtbildern, die im Schein einer hinter dem transparenten Bild aufgestellten Kerze zu betrachten waren. Sie sind ohne Zweifel unter dem Einfluss des in dieser Manier erfolgreichen Franz Niklaus König entstanden. Weiter kennt man eine Serie mit Ansichten von Kaiserstuhl am Rhein und dem gegenüberliegenden Schloss Rotwasserstelz; sie befinden sich im Besitz der Zürcher Familie Escher, die sich von Kaiserstuhl herleitet. Es folgen vereinzelte Ortsansichten und alpine Landschaften, unter denen eine Ansicht von Olten hervorragt. Ohne Zweifel liessen sich bei gründlich betriebener Nachforschung weitere signierte Aquarelle von Sperli finden.

Im nachstehenden Katalog stehen die Ortsansichten aus dem Grossherzogtum Baden am Anfang; sie sind itinerarmässig geordnet, vom Bodensee über Freiburg i. Br. bis nach Karlsruhe. Die übrigen Blätter folgen sich nach der dargestellten Örtlichkeit alphabetisch. Berücksichtigt sind auch jene Blätter, deren Standort unbekannt geblieben ist und die demzufolge auch nicht eingesehen werden konnten; die sie betreffenden Angaben sind naturgemäss unvollständig und möglicherweise nicht korrekt. Man findet auch drei wahrscheinliche Zuschreibungen; auf Attributionen wurde sonst verzichtet, in der Meinung, das hier vermittelte Œuvre möge nicht mit Unsicherheiten belastet werden.

Den Schluss bilden diejenigen Handzeichnungen, die von Sperli zwischen 1811 und 1832 (von Sperli fils auch 1833) an den «Veranstaltungen der Zürcher Künstler-Gesellschaft» öffentlich ausgestellt und in deren gedruckten Katalogen aufgeführt worden sind.

VEDUTEN AUS DEM EHEMALIGEN GROSSHERZOGTUM BADEN
1824/27

Hessisches Landesmuseum Darmstadt
Inv. Hz 459–461 und 470–486

Diese 20 Aquarelle weisen jeweils eine ca. 3 mm breite innere und eine feine äussere Randlinie auf, beide mit Tusche gezogen. Die Randpartie ist üblicherweise hellgrau gefärbt, das Vergépapier selbst weiss, meist dünn, in einzelnen Fällen auch dick.
Vier Blätter wurden in neuerer Zeit entlang der breiten Randlinie ausgeschnitten, auf dickes Papier aufzogen und neu montiert; die Randpartie ist bei ihnen chamoisfarbig und unten mit Sperlis Namen in Gold bedruckt. Die rückseitig unten rechts angebrachten Ortsbezeichnungen und Signaturen, mehrheitlich mit Tusche, aber auch mit Bleistift geschrieben, stammen mit grösster Wahrscheinlichkeit von Sperli selbst, da sie mit seinen vorderseitigen Signaturen schriftmässig übereinstimmen.
Angegebene Masse: 1. Grösse mitsamt den beiden in Tusche gezogenen Randlinien; 2. aquarellierte Bildfläche allein; 3. ganzes Blatt.

1 MEERSBURG   (Ansicht vom See her)   *Abb. S. 53*
Aquarell 246 × 330 mm, Bildfläche 239 × 322 mm, Blatt 330 × 429 mm
mit hellgrauer Randpartie.
(unten rechts) *J. J Sperlj. fecit. 1824.*
(rückseitig in Sperlis Handschrift, Tusche) *Ansicht der Stadt
Meersburg, am Bodensee, gezeichnet, von J. Jaques Sperlj, in Zürich, 1824.*
(vorderseitig auf der Randpartie unten, späteres 19. Jh., Tinte)
Mörsburg Original Zeichnung.
Im Vordergrund ein Fischer- und ein Segelboot. Blick vom See her, von Südwesten, auf die Unterstadt von Meersburg.
Darüber die Oberstadt mit Kirche, altem und neuem Schloss.
Die Unterstadt spiegelt sich im Wasser des Sees.
Inv. Hz 472.

2 MEERSBURG   (Ansicht von Nordwesten)   *Abb. S. 55*
Aquarell 247 × 326 mm, Bildfläche 239 × 317 mm, Blatt 329 × 428 mm
mit chamoisfarbener Randpartie.
Das ausgeschnittene und aufgezogene Original 242 × 321 mm.
(unten rechts Kopie der weggeschnittenen Signatur Sperlis,
Tinte) *J. Jaques Sperli, fecit.*
Blick von den Weinbergen nordwestlich der Stadt auf die Oberstadt mit Kirche, neuem und altem Schloss. Der Bodensee rechts.
Im Hintergrund die Vorarlberger und Schweizer Berge.
Links unter einem Bäumchen ein Paar beim Trunke, in den Reben ein Winzer.
Inv. Hz 473.

3 KONSTANZ   (Fernsicht von Nordosten)   *Abb. S. 57*
Aquarell 248 × 330 mm, Bildfläche 242 × 323 mm, Blatt 331 × 427 mm
mit hellgrauer Randpartie
(unten rechts) *J. Jaques Sperlj, fecit.*
(rückseitig in Sperlis Handschrift, Tusche) *Constanz von Petershausen,
gezeichnet von J. Jaques Sperlj, von Zürich/ 1824.*
(vorderseitig, späteres 19. Jh., Tinte) *Constanz original Zeichnung*
Sicht über den See von Petershausen aus. Der Blickpunkt befindet sich etwa bei der heutigen Glärnischstrasse. Die Seefront der Stadt wird rechts mit der Rheinbrücke abgeschlossen. Rechts vorne am Ufer ein Angler und sitzender Pfeifenraucher.
Inv. Hz 470.

4   INSEL MAINAU   (von Nordwesten)   *Abb. S. 59*
    Aquarell 246 × 328 mm, Bildfläche 240 × 321 mm, Blatt 342 × 437 mm
    mit hellgrauer Randpartie.
    (unten rechts) *J. Jaques Sperlj. fecit.*
    (rückseitig in Sperlis Handschrift, Bleistift) *Jnsel Mainau, von Litzel-
    stetten, gezeichnet von J. J. Sperlj, in Zürich.*
    Sicht über den See von Litzelstetten aus. Die Seebrücke rechts.
    Im Hintergrund rechts die Säntisgruppe, links Meersburg. Im Vorder-
    grund rechts ein Hirte mit Kühen und ein Randbaum.
    (Unten, auf der hellgrauen Randpartie, sind mit Tusche von Sperli
    einige Örtlichkeiten, die im Bild vorkommen, bezeichnet worden)
    Meersburg. Jnsel Mainau. Arbon. Allmannsdorf. Altnau.
    Inv. Hz 471.

5   SALEM   (von Südosten)   *Abb. S. 61*
    Aquarell 249 × 327 mm, Bildfläche 240 × 317 mm, Blatt 346 × 428 mm
    mit chamoisfarbener Randpartie. Das ausgeschnittene und auf-
    gezogene Original 243 × 320 mm.
    (unten rechts Kopie der weggeschnittenen Signatur Sperlis, Tinte)
    J. Jaques Sperli, Fecit.
    Gesamtansicht der ehemaligen Zisterzienserabtei (Reichsabtei)
    von Südosten.
    Rechts Pappelallee. Links unter einem Baum eine Bauernfamilie
    beim Imbiss. Auf der Wiese Heuernte.
    Inv. Hz 478.

6   INSEL REICHENAU   (von Westen)   *Abb. S. 63*
    Aquarell 252 × 321 mm, Bildfläche 242 × 320 mm, Blatt 348 × 428 mm
    mit chamoisfarbener Randpartie.
    Das ausgeschnittene und aufgezogene Original 245 × 323 mm.
    (unten rechts Kopie der weggeschnittenen Signatur Sperlis, Tinte)
    J. Jaques Sperli, fecit.
    Sicht über den Zeller See von der Halbinsel Mettnau aus.
    Links hinten Konstanz, darüber am Horizont die Vorarlberger Berge.
    Vorne links am Ufer zwei Knaben, rechts Randbäume.
    Inv. Hz 474.

7   RADOLFZELL   (von Südosten)   *Abb. S. 65*
    Aquarell 246 × 328 mm, Bildfläche 238 × 320 mm, Blatt 339 × 440 mm
    mit hellgrauer Randpartie.
    (unten rechts) *J. Jaques Sperlj. Fecit.*
    (rückseitig in Sperlis Handschrift, Bleistift) *Radolfzell am Bodensee.
    Von J. J. Sperlj, in Zürich.*
    Die Stadt am See vom Uferweg aus gesehen, von Südosten.
    Links, jenseits des Sees, Hohentwiel und Hohenstoffeln. Im Vorder-
    grund zwei Männer und eine Familie, rechts drei Bäume.
    (Unten, auf der hellgrauen Randpartie, sind mit Bleistift von Sperli
    vier im Bild vorkommende Örtlichkeiten bezeichnet worden)
    Hohhenweil Hohhenstoffeln. Radolfzell. Hochhewen.
    Inv. Hz 475.

8   ENGEN MIT DER RUINE VON HOHENHEWEN   *Abb. S. 67*
    Aquarell 248 × 328 mm, Bildfläche 241 × 321 mm, Blatt 323 × 430 mm
    mit hellgrauer Randpartie.
    (unten rechts) *J. J. Sperlj. fecit.*
    (rückseitig in Sperlis Handschrift, Tusche) *Engen, mit den Ruinen von
    Hohenhöwen. Von J. Jaques Sperlj, gezeichnet. 1824.*
    Blick von Westen, die Stadt eher rechts. Die Schlossruine von
    Hohenhewen links hinten auf der Höhe. Auf dem Weg vorne drei
    Personen.
    Inv. Hz 479.

9   Donaueschingen   (von Süden) *Abb. S. 69*
Aquarell 247 × 329 mm, Bildfläche 240 × 321 mm, Blatt 320 × 416 mm
mit hellgrauer Randpartie.
(rechts unten) *J. J. Sperlj. fecit.*
(rückseitig in Sperlis Handschrift, Tusche) *Donnaueschingen. J: Jaques Sperlj. fecit.*
Blick von einem sanften Abhang im Süden der Stadt, in der Gegend des heutigen Bahnhofs. Donaueschingen in Bildmitte, von Süden gesehen. Von einer Häusergruppe aus führt eine Allee senkrecht ins Bild hinein in die Stadt. Links am Rand eine Baumgruppe. Auf dem ansteigenden Weg vorne zwei Kavaliere in Begleitung von zwei jungen, modisch gekleideten Damen.
Inv. Hz 481.

10   Badenweiler   (von Osten) *Abb. S. 71*
Aquarell 248 × 331 mm, Bildfläche 242 × 324 mm, Blatt von dickem Papier 332 × 430 mm mit hellgrauer Randpartie.
(unten rechts) *J. Jaques Sperlj. fecit.*
Nahsicht von Osten auf Ortschaft und Burgruine. Die Pfarrkirche links unter hohen Randbäumen. Im Vordergrund zwei Kühe, zwei Schafe und eine Ziege. Hinten rechts in der Ferne die Vogesen.
Inv. Hz 482.

11   Staufen   (von Südosten) *Abb. S. 73*
Aquarell 248 × 327 mm, Bildfläche 239 × 317 mm, Blatt 343 × 429 mm mit chamoisfarbener Randpartie. Das ausgeschnittene und aufgezogene Original 241 × 319 mm.
(unten rechts Kopie der weggeschnittenen Signatur Sperlis, Tinte) *J. Jaques Sperli, fecit.*
Der Ort Staufen rechts, links das Dorf Grunern, dazwischen die Burgruine auf einem hohen Kegelberg. Rechts eine Eichengruppe auf Felsen, davor ein schreitender Bauer mit Ziegen.
Inv. Hz 477.

12   Freiburg i. Br.   (vom Schlossberg aus) *Abb. S. 75*
Aquarell 249 × 327 mm, Bildfläche 241 × 320 mm, Blatt 325 × 427 mm mit hellgrauer Randpartie.
(unten rechts) *J. Jaques Sperlj. fecit. 1824.*
(rückseitig in Sperlis Handschrift, Tusche) *Freyburg im Brissgau, gezeichnet auf dem Weg nach dem Schlossberg. 1824/ J. Jaques Sperlj.*
Blick von Osten, vom Abhang des Schlossbergs aus, auf die Stadt; in deren Mitte das dominante Münster. Im Vordergrund links ein spazierendes Bürgerpaar und am Rand des Weinbergs ein sitzender Mann, Pfeife rauchend. Auf dem weiten Feld nördlich der Stadt (rechts im Bild) exerzierende Infanterie. Am Horizont die Vogesen.
Inv. Hz 459.

13   Die Loretokapelle bei Freiburg i. Br. *Abb. S. 77*
Aquarell 249 × 329 mm, Bildfläche 240 × 320 mm, Blatt 326 × 433 mm mit hellgrauer Randpartie.
(unten rechts) *J. Jaques Sperlj, fecit.*
(rückseitig in Sperlis Handschrift, Tusche) *St: Loretto, bey Freyburg, im Brissgau. J. Jaques Sperlj. fecit/ 1826.*
Nahblick zur einfachen Kapelle mit angebautem Einsiedlerhaus rechts. Links vorne unter einem grossen Baum an Holztisch ein Paar beim Trunk. Auf dem Weg ein Kapuziner im Gespräch mit einer jungen strickenden Frau. Hinten im Durchblick durch ein Wäldchen das Schwabentor von Freiburg und der Hotelbau am Schlossberg. Zwischen den Blättern zeichnet sich schwach auch der Münsterturm ab.
Inv. Hz 460.

14 RUINE DER BURG ZÄHRINGEN   (bei Freiburg)   *Abb. S. 79*
Aquarell 249 × 329 mm, Bildfläche 242 × 322 mm, Blatt 328 × 424 mm
mit fast weisser Randpartie.
(unten rechts) *J. Jaques Sperlj. fecit.*
(im Bild, unten links aussen, in Tusche) *J. J: Sperlj*
(darunter in Bleistift die Angabe) *Weg*
(rückseitig in Sperlis Handschrift, Tusche) *Ruinen von Zähringen,
bey Freyburg im Brissgau. J. J: Sperlj, fecit.*
Nahblick auf die überwucherten Ruinen der Burganlage mit dem
markanten Rundturm. Vorne ein pfeifenrauchender Hirte mit Ziegen.
Inv. Hz 461.

15 RUINE DER BURG HOCHBURG   *Abb. S. 81*
(Hachberg, östlich von Emmendingen)
Aquarell 249 × 330 mm, Bildfläche 241 × 321 mm, Blatt 326 × 436 mm
mit hellgrauer Randpartie.
(unten rechts) *J. Jaques Sperli. Fecit.*
(rückseitig in Sperlis Handschrift, Tusche) *Schloss Hochburg, ohnweit
Emmadingen. J. Jaques Sperlj, fecit/ 1826.*
Nahblick auf die ausgedehnte ruinöse Burganlage. Rechts ein Rand-
baum, vorne zwei Ziegen.
Inv. Hz 483.

16 OFFENBURG   (von Westen)   *Abb. S. 83*
Aquarell 250 × 330 mm, Bildfläche 242 × 322 mm, Blatt 323 × 437 mm
mit hellgrauer Randpartie.
(unten rechts) *J. Jaques Sperli, Fecit.*
(rückseitig in Sperlis Handschrift, Tusche) *Offenburg. J. Jaques Sperlj,
von Zürich, fecit. 1827.* (die Zahl 7 korrigiert in 6)
Blick zur Stadt am Ufer der Kinzig. Hinten rechts die Waldhöhen des
Schwarzwalds. Links vorne ein Bäumchen, darunter Ziegen; auf der
ausgedehnten Wiese zum Fluss hin weidet Vieh. Auf dem nach rechts
führenden Weg ein schreitender Bauer.
Inv. Hz 480.

17 BADEN-BADEN   (von Westen)   *Abb. S. 85*
Aquarell 248 × 328 mm, Bildfläche 242 × 322 mm, Blatt von dickem
Papier 326 × 440 mm mit hellgrauer Randpartie.
(unten rechts im Bild) *J. Sperlj. fecit/ 1824.*
(unten rechts, am Bildrand) *J. Jaques Sperlj, fecit.*
Links der katholischen Pfarrkirche mit ihrem markanten polygonalen
Westturm auf der Höhe das neue Schloss Niederbaden, rechts die
Kuppe des Merkurs. Die ansteigende Stadt am Anfang eines Tal-
einschnittes. Vorne links ein Bürgerpaar und zwei Offiziere.
Inv. Hz 476.

18 SCHLOSS KARLSRUHE   (Stadtseite, von Süden)   *Abb. S. 87*
Aquarell 248 × 327 mm, Bildfläche 241 × 320 mm, Blatt von dickem
Papier 330 × 424 mm mit fast weisser Randpartie.
(unten rechts) *J. Jaques Sperlj, Fecit. 1824.*
(rückseitig in Sperlis Handschrift, Bleistift) *Grossherzogliche Residenz in
Karlsruhe.*
Axiale Ansicht des breit gelagerten Schlosses von der Stadtseite aus,
das heisst von Süden. Seitlich kleine Boskette. Im Vordergrund auf
dem Platz Gruppen von Offizieren, Soldaten und Bürgern.
Inv. Hz 484.

19 SCHLOSS KARLSRUHE   (von Norden)   *Abb. S. 89*
Aquarell 248 × 330 mm, Bildfläche 242 × 322 mm, Blatt von dickem
Papier 324 × 420 mm mit hellgrauer Randpartie.
(unten rechts) *J. Jaques Sperlj. fecit. 1824.*

(rückseitig in Sperlis Handschrift, Tusche) *Das Grossherzogliche Schloss, in Karlsruhe, im Schloss=Garten, gezeichnet, von J. Jaques Sperlj. 1...* (Rest weggeschnitten, vermutlich Jahrzahl *1824*)
Das Schloss von der Parkseite aus gesehen. Rechts der zentrale Turm, davor Schilderhäuschen. Links vorne begrüsst ein Offizier zu Pferd einen Kameraden zu Fuss, daneben ein lustwandelndes Bürgerpaar.
Inv. Hz 486.

20   DAS KADETTENHAUS BEIM SCHLOSS KARLSRUHE   *Abb. S. 91*
Aquarell 249 × 328 mm, Bildfläche 242 × 321 mm, Blatt 315 × 413 mm mit hellgrauer Randpartie.
(unten rechts) *J. Jaques Sperlj. Fecit. 1824.*
(rückseitig Schrift des späteren 19. Jh., Tinte) *Das Grossherzogliche CadettenHauss in Carlsruhe/ gebaut von Arnold.*
(darunter erkennt man Reste der weggeschnittenen Handschrift Sperlis, Tusche; es hiess da wohl: *KadettenHaus in Karlsruhe...*)
Das ehemalige Kadettenhaus und (links) das Wachhaus im Westen des Schlosses. Die Gebäude stehen an einer Strasse, auf der fahrende Artillerie vorbeizieht, zuvorderst ein berittener Trompeter.
Inv. Hz 485.

LICHTSCHIRME

21   DER FRÖSCHENGRABEN IN ZÜRICH   *Abb. S. 93*
Lichtschirm aus Pergament, in ovalem Rahmen, drehbar eingesteckt in gedrechselten Sockel mit rechteckiger Grundplatte.
Pergament oval 215 × 230 mm.
Der Rahmen 228 × 245 mm. Höhe des Sockels 162 mm; Höhe über alles 393 mm.
Aquarell auf Pergament. Obere Randpartie mit Rissen.
(rückseitig unten Mitte Titel und Signatur) *Der Untere/ Fröschengraben/ (in) Zürich/ J. Jaques Sperlj*
Nachtbild mit Vollmond (als im Pergament kreisförmige Aussparung). Der Zürcher Fröschengraben, ehemaliger wasserführender Stadtgraben (heute Bahnhofstrasse). Auf der links dem Graben entlangführenden Strasse zwei Arm in Arm gehende Paare, jedes angeführt von einer Magd mit «Visitenlaterne». Hinten rechts das Bollwerk des Rennwegtors, davor eine über den Graben führende Steinbrücke. Aufschlussreiches Detailbild aus Zürich, um 1830.
Privatbesitz Rüschlikon.
(Abgebildet in: Martin Müller, Zürich. Weltstadt an der Limmat, Zürich (Artemis Verlag) 1979, Abb. 61.)

22   KRÖNLI UND RECHBERG MIT KÜNSTLERGASSE IN ZÜRICH   *Abb. S. 95*
Lichtschirm aus Papier, in ovalem Rahmen und unter Glas. Aquarell mit Tusche laviert, teilweise gouachiert, Bild oval 232 × 267 mm.
(rückseitig mit Feder bezeichnet) *J. Jaques Sperli, Fecit./ 1828.*
Nachtbild. Links das Haus «zum Krönli» (oder «zum untern Berg», Hirschengraben 42) am Anfang der Künstlergasse. Rechts die linke Ecke des Hauses zum Rechberg. Beide Gebäude mit teilweise erleuchteten Fenstern. Auf dem freien Platz vorne ein Arm in Arm gehendes vornehm gekleidetes Paar. Ihnen voran schreitet eine Magd mit einer beleuchteten «Visitenlaterne». Vor dem geöffneten Gartentor des Krönli ein Mann, wohl der Gastgeber. Hinten links die flachen Bauten der Kronenporte. Rechts ein grosser Baum. Vollmond.
Privatbesitz Basel.
Abgebildet in: F. O. Pestalozzi, Zürich – Bilder aus fünf Jahrhunderten, Zürich 1925, S. 220, 90. Bild.
(Vorzeichnung zum Aquatintablatt Nr. 328)

WEITERE LANDSCHAFTSAQUARELLE

23   GRINDELWALDGLETSCHER, OBERER, MIT WETTERHORN
Aquarell 193 × 277 mm, mit einer breiten und einer dünnen Randlinie
und grau getönter Randpartie.
Rückseitig als Arbeit Sperlis alt bezeichnet.
Der Gletscher eher rechts im Hintergrund, links davon das Massiv
des Wetterhorns, rechts die Nordkante des Mättenbergs. Vorne links
zwei Bäume und zwei Hütten, davor ein Bauernpaar mit Hund und
Schafen. Am Abhang rechts gegen Grindelwald zu einzelne Häuser.
Privatbesitz Schweiz. (Ehemals Hessisches Landesmuseum Darmstadt;
dann August Laube, Zürich (Katalog der Herbstausstellung von
August Laube 1986 «Helvetica», Nr. 127.) – Wohl identisch mit dem
von Sperli père am 14. Mai 1832 auf der Veranstaltung der Künstler-
Gesellschaft in Zürich ausgestellten Aquarell, siehe S. 134.)

24   JUNGFRAU, VON ISENFLUH AUS   *Abb. S. 97*
Aquarell 580 × 750 mm
(unten rechts signiert) *J. J: Sperli älter/ à Zürich/ 1842*
Blick von Isenfluh über dem Lauterbrunnental auf die Jungfrau und
den Mönch (links). Vorne auf einer Wiese zwei Schwingerpaare und
einige Zuschauer.
(Abgebildet in: Kalender der Fa. Siemens-Albis AG, 1987, Blatt 3.)
Privatbesitz Schweiz. (Ehemals August Laube, Zürich.)

25   KAISERSTUHL 1   (Escherhof, innere Ansicht) 1833   *Abb. S. 99*
Aquarell mit Bleistiftvorzeichnung
Innerhalb der getuschten Randlinie 186 × 241 mm. Blatt 260 × 330 mm
(unten rechts signiert) *J. Jaques Sperli.*
Die Ruinen des Escherhofs und der Stadtmauer in Kaiserstuhl, von
Nordosten. Hinten rechts der Obere Turm und der Giebel eines
davorliegenden Hauses. Vorne auf einem Gartenweg eine Gruppe
von vier Personen im Gespräch.
Heinrich Escher'scher Familienfonds in Zürich.
(Der Escherhof lag an der Aussenseite des östlichen Schenkels der
Stadtmauer. Die Zürcher Familie Escher leitet sich vom Escherhof in
Kaiserstuhl ab.)
(Vorzeichnung zur Aquatinta Nr. 133)

26   KAISERSTUHL 2   (Escherhof, äussere Ansicht) 1833   *Abb. S. 101*
Aquarell mit Bleistiftvorzeichnung
Innerhalb der Randlinie 186 × 242 mm. Blatt 260 × 325 mm
(unten rechts signiert) *J. Jaques Sperli.*
Die Ruinen des Escherhofs an der östlichen Stadtmauer von Kaiser-
stuhl, von Süden. Dahinter einige Hausdächer, links der Obere Turm.
Im Vordergrund Graben und Wiese, links zwei Knaben.
Privatbesitz Zürich (wie Nr. 25)
(Vorzeichnung zur Aquatinta Nr. 134)

27   KAISERSTUHL UND SCHLOSS RÖTTELN 1   *Abb. S. 103*
(mit Rheinbrücke) 1833
Aquarell mit Bleistiftvorzeichnung 185 × 238 mm. Blatt 265 × 330 mm
(unten rechts signiert) *J. Jaques Sperli.*
In der Bildmitte die 1823 erbaute gedeckte Holzbrücke über den
Rhein. Jenseits des Flusses das Schloss Rötteln (oder Rotwasserstelz).
Am diesseitigen Ufer ein Angler und ein sitzendes Paar.
Privatbesitz Zürich (wie Nr. 25 und 26)
(Vorzeichnung zur Aquatinta Nr. 135)

28   KAISERSTUHL UND SCHLOSS RÖTTELN 2   *Abb. S. 105*
(Rückseite des Schlosses) 1833
Aquarell mit Bleistiftvorzeichnung 186 × 242 mm. Blatt 265 × 330 mm
(unten links signiert) *J. Jaques Sperli. Fecit. 1833.*
Die Westseite des Schlosses Rötteln (oder Rotwasserstelz).
An den polygonalen Bergfrit ist flusswärts ein neueres Haus
angebaut. Im Hohlweg links ein Schweinestall und zwei Jäger mit
Hunden. Jenseits des Rheins ein Teil des Städtchens Kaiserstuhl
mit dem Ende der gedeckten Holzbrücke und rechts aussen dem
Oberen Turm.
Privatbesitz Zürich (wie Nr. 25–27)
(Vorzeichnung zur Aquatinta Nr. 136)

29   OLTEN   (von Süden) 1825   *Abb. S. 107*
Aquarell 190 × 274 mm; ohne die schwarze Randlinie 197 × 285 mm.
(Das unter Glas gerahmte Blatt etwas grösser.)
(unten rechts signiert) *J. Jaques Sperlj, 1825.*
Ansicht der Stadt aus der Ferne, von Süden. Rechts die gedeckte
Holzbrücke über die Aare; jenseits des Flusses das Disteli-Haus.
Am linken Rand ein hoher, schmaler Baum und die 1789 erbaute
Steinbrücke über die Dünnern in den Wyden. Vorne rechts ein
Hirte mit Ziegen.
Kunstmuseum Olten (Inv. 4328)
(Abgebildet in: Malerische Reise durch die schöne alte Schweiz,
hrsg. von Peter F. Kopp, Zürich (Ex Libris Verlag) 1982, S. 251. –
Olten in alten Ansichten, Mappenwerk, hrsg. von M. Eduard Fischer,
Olten o.J (1989).)
(Vorzeichnung zur Aquatinta Nr. 197 und 198)

30   RIGI KLÖSTERLI   (Kapelle Maria zum Schnee)
Bleistiftzeichnung, teilweise schraffiert, mit Quadrierung und unterer
Randlinie 215 × 298 mm; ganzes Blatt 246 × 342 mm
(unten rechts mit Bleistift signiert) *J. Sperlj.*
(unter der Randlinie, in Bleistift) Maria zum Schnee, auf dem Rigi.
Auf dem Weg zur Kapelle ein Kapuziner sowie ein Trachtenmädchen
und ein Senne mit Tragreff.
Kunstmuseum Olten (Inv. II/187)
(Vorzeichnung zur Aquatinta Nr. 227)

31   SIGRISWIL   (mit den Berner Alpen)   *Abb. S. 109*
Aquarell mit Bleistiftvorzeichnung 301 × 467 mm
(unten links auf einem Stein signiert) *J. Sperli./ 1835*
Blick über die auf einem Geländevorsprung liegende Ortschaft
Sigriswil nach Süden. In der Tiefe der Thunersee, jenseits Spiez und
das Vorgelände von Aeschi. Rechts der dreieckige Niesen, nach links
am Horizont der Kranz der Berner Alpen, u. a. das Rinderhorn und
die Blümlisalpgruppe.
Ortsgeschichtliche Sammlung Kilchberg.

32   SOLOTHURN   (Denkmal für Robert Glutz-Blotzheim)   *Abb. S. 111*
Aquarell, allseits beschnitten und ohne Randlinie 66 × 100 mm
Natürlicher Gedenkstein mit rechteckiger Tafel, plaziert über dem
Ufer eines Baches. In der Verenaschlucht, nördlich von Solothurn.
Die Inschrift auf der Tafel weitgehend nur linienweise angedeutet.
Ausgeschrieben sind die drei ersten Versalzeilen: *Dem Andenken/ des/
Geschicht . . .*
(Der ganze Text auf der entsprechenden Aquatinta Nr. 271 lautet:
Dem Andenken/ des/ Geschichtschreibers/ Robert Glutz=Blozheim/
geb. in Solothurn 1786/ gest. in München 1818/ Seine Freunde)
(Das Dankmal bezieht sich auf Robert Glutz-Blotzheim, 1786–1818,
den ersten Fortsetzer von J.v. Müllers «Geschichten Schweizerischer

Eidgenossenschaft» Band V/2 über die Jahre 1489–1516;
(vgl. R. Feller/E. Bonjour, Geschichtsschreibung der Schweiz, Bd. 2,
Basel/Stuttgart 1962, S. 665–670).
Kunstmuseum Olten (Mappe Verenaschlucht VI/1)

33   Unbekanntes Gebäude (Heilbad?) 1   1823   *Abb. S. 113*
Aquarell, mit der schwarzen Randlinie 392 × 517 mm. Blatt mit grau
gouachierter Randpartie 443 × 578 mm
(unten rechts signiert) *J. Jaques Sperlj fecit*
(zweite Signatur auf einem Kornsack in Bildmitte) *J. Sperlj/ fecit.*
(unten Bildtitel, wohl später beigefügt) *Ansicht von Weissbad,
Kanton Appenzell.*
Im Vordergrund ein Ackerfeld mit von Hund bewachten Saatgut-
säcken und pflügenden Bauern mit Dreigespann; rechts ein grosser
Baum. Im Mittelgrund die Gebäudegruppe, bestehend aus dem
grossen Hauptgebäude mit Mansardgeschoss und Blitzableitern, links
anschliessend ein mittelgrosses Haus mit kielbogigen Dachluken,
weiter zwei kleine Wohnhäuser und ein graues Wasserhaus (?) mit
Bretterwänden und grossen Türen. Zwischen den Häusern führt ein
Kanal durch. Am Rande des Ackers und entlang den Häusern ein
mit Geländer versehener Weg, auf dem sich fünf Personen bewegen.
Hinten eine leicht bewaldete Hügellandschaft.
Im Bild vereinzelte handschriftliche Angaben des Künstlers.
Das vordere Kamin auf dem Hauptgebäude nur skizziert.
Landesarchiv Appenzell-Innerrhoden (Inv. Nr. 8044)
(Erworben auf der 119. Auktion der Galerie Jürg Stuker, Bern
27. 11. 1973, Los 2316.)
(Das heutige Bad Weissbad zwischen Appenzell und Schwende
kommt nicht in Betracht. Möglicherweise war Sperli beauftragt, einen
geplanten und dann nicht ausgeführten Neubau einer Badeanlage prä-
figurativ darzustellen. Im Kanton Appenzell Innerrhoden käme nur
das Jakobsbad in Frage, scheidet aber aus topographischen Gründen
wohl auch aus. Es könnte auch ein bis jetzt nicht identifiziertes Bad
oder ein anderes damals neu errichtetes Gebäude sozialer Bestimmung
vorgeführt sein, vielleicht in Süddeutschland. Der Titeltext, der zwar
aus der Zeit zu stammen scheint, ist wohl später und als Irreführung
zugefügt worden. Darauf könnte die Schreibweise «Kanton» statt
«Canton» hinweisen.)
(Pendant zu Nr. 34.)

34   Unbekanntes Gebäude (Heilbad?) 2   1823   *Abb. S. 115*
Aquarell, mit der schwarzen Randlinie 390 × 516 mm.
Blatt mit grau gouachierter Randpartie 443 × 580 mm
(unten rechts signiert) *J. Jaques Sperlj. fecit.*
(zweite Signatur im Bild, unten Mitte) *J.J. Sperlj. Fecit./ 1823.*
Kein Bildtitel.
Vorne ein Feld, nach hinten abgeschlossen durch einen Fahrweg und
parallel dazu verlaufenden Bach. Auf dem Weg fährt ein zweisitziger
gedeckter Einspänner nach rechts. Jenseits des Baches links das
Hauptgebäude mit Mansardgeschoss, rechts anschliessend das grosse
Wohnhaus, dann die beiden kleinen Wohnhäuser mit Laubengang
und das graue Wasserhaus(?). Hinten eine fluhartig aufsteigende
Anhöhe und rechts der Einschnitt eines Talanfangs.
Ausser dem Gefährt findet man keine Staffage.
(Das heutige Weissbad zwischen Appenzell und Schwende kommt
nicht in Betracht. Vgl. die Bemerkungen zum Pendant Nr. 33.)
Schweizerische Bankgesellschaft, Zürich.
(Ehemals bei Robert Hirt, Richterswil; dann versteigert bei Sotheby's
Zürich, 4. 6. 1992, Los 35.)

AQUARELLE MIT UNBEKANNTEM STANDORT

35 BÜRGLEN (wohl UR)
    Aquarell 198 × 281 mm, grau gouachierte Randpartie
    Ansicht von Bürglen.
    (Auktion August Laube, Zürich 13./14. 11. 1952, Los 371.)

36 ENGELBERG, DORF UND ABTEI
    Aquarell 515 × 755 mm
    (signiert) *J. Jaques Sperli 1829*
    (Auktion August Laube, Zürich 28. 5. 1957, Los 255.)
    (Vgl. die Aquatinta Nr. 80/81.)

37 HORBIS BEI ENGELBERG
    Aquarell 70 × 106 mm
    (Titel) *Horben im Engelberger Thal*.
    (Auktion August Laube, Zürich 13./14. 11. 1952, Los 372.)
    (Vgl. die Aquatinta Nr. 121.)

38 GOSSAU ZH
    Aquarell 68 × 105 mm, mit breitem Papierrand
    (signiert) *J. Sperli del*.
    Ansicht auf die Ortschaft Gossau von Norden; im Hintergrund
    Grüningen. (Ehemals August Laube, Zürich.)

39 HORGEN, BOCKENGUT
    Aquarell 192 × 311 mm
    (unten rechts signiert) *J. J. Sperli del*.
    Ansicht des Landhauses «Bocken» über Horgen.
    (Auktion Fischer Luzern, Juni 1987, Los 2142, Abb. Taf. LV.)

40 JUNGFRAU, VON DER LÜTSCHINE AUS
    Aquarell 160 × 235 mm, mit breitem Papierrand
    (vermutlich signiert) *J. J. Sperli*
    Ansicht des Wasserlaufs im vorderen Lauterbrunnental, hinten
    die Jungfrau. (Ehemals August Laube, Zürich.)

41 VIAMALA, RONGELLEN
    Aquarell 67 × 103 mm
    (Titel) *Sortie de Rongella vers la Viamala*.
    (Auktion August Laube, Zürich 13./14. 11. 1952, «Graphischer Nach-
    lass von Walter Meier, Thalwil», Los 148b.)

42 ZÜRICH, PARADEPLATZ MIT HOTEL BAUR
    Wohl Aquarell, breitformatig
    (bezeichnet) *J. J. Sperli, Vater und Sohn*.
    Ansicht des Paradeplatzes, belebt mit Fuhrwerken, Reitern und
    Passanten. Links der Feldhof (Artilleriezeughaus), rechts der
    Block des 1836–38 errichteten Hotels Baur-en-Ville. An der Post-
    strasse rechts die neue Post, gebaut 1835–38, daneben ein grosser
    Laubbaum. (Abbildung bei August Laube, Zürich.)

43 ZÜRICH, ST. ANNA-FRIEDHOF
    Federzeichnung, sepialaviert; ganzes Blatt 210 × 240 mm
    (unten signiert) *J. Sperli fecit*
    Ansicht der St.Anna-Kapelle und des dabei liegenden Friedhofs, der
    1840 aufgelassen wurde. (Vgl. die beiden Aquatintablätter von Franz
    Hegi, Appenzeller 37 und 38.) Der Friedhof befand sich an Stelle des
    heutigen Annahofs, Kaufhaus an der Bahnhofstrasse.
    (Auktion W. S. Kündig & August Laube, Zürich 1.–3. 6. 1938, Los 608.)

44　Zürich-Altstetten, Kirche und Pfarrhaus　　　　　Abb. S. 117
Aquarell 245 × 340 mm
(unten rechts signiert) *J. Jaques Sperli.*
Links die eingefriedete alte protestantische Kirche, rechts hinter Obstbäumen das Pfarrhaus. Im Vordergrund Bauern beim Heuen.
Die Kirche im Zustand von vor 1842.
(Ehemals August Laube, Zürich; ebenda Abb. schwarz-weiss.)

45　Zürich, Kapelle und Friedhof in der Nähe von Zürich
Aquarell 300 × 445 mm
(signiert) *J. Sperli, pinx:*
In Betracht kommen: die Kapelle St. Jakob an der Sihl in Aussersihl (nahe dem Wohnsitz Sperlis), abgebrochen 1903, und die Kapelle St. Leonhard in Unterstrass, abgebrochen um 1880. Vorne städtisch gekleidete Leute.
(Auktion August Laube, Zürich 30. 5. 1963, Los 305.)

Zuschreibungen

Es werden hier nur jene Zeichnungen aufgeführt, die vom Stil her und in der Art der Ausführung eindeutig auf Sperlis Autorschaft schliessen lassen.

46　Genfersee　(oberer Abschluss)　　　　　Abb. S. 119
Aquarell, ohne Randlinien 198 × 282 mm,
mit den beiden Randlinien 202 × 287 mm, ganzes Blatt 232 × 315 mm.
Rund um die Darstellung eine grau gouachierte Randpartie.
Ohne erkennbare Schrift, nicht signiert.
Blick auf den oberen Genfersee, wohl aus der Gegend zwischen Chexbres und Cully, Richtung Südosten. Am jenseitigen Ufer die Savoyerberge, in der Mitte wohl Le Bouveret und links daneben die Grangettes am Ende des Sees, dahinter der Eingang ins Wallis. Auf dem See drei Schiffe. Im Vordergrund eine auf der Seeseite von einer Mauer eingefasste Strasse, darauf ein zweispänniger Leiterwagen und zwei Frauen, eine mit Hacke, die andere mit Kopflast. Am rechten Bildrand hohe Laubbäume.
Musée du Vieux Vevey, Vevey (Inv. No. 749)
(Abgebildet im Ausstellungskatalog «Les Petits Maîtres. Vision d'une Suisse idyllique», Musée Jenisch, Vevey 19. 9.–2. 11. 1986, No. 91.)

47　Zürichseelandschaft mit Alpenpanorama, von Kilchberg aus gesehen
Aquarell über Tuschfederzeichnung 300 × 530 mm.
Unvollendet, die rechte untere Ecke nur mit Bleistift skizziert.
Kein Text.
Blick vom Hang zwischen Kilchberg und Rüschlikon (Gegend des Böndlers) seeaufwärts über Thalwil (Kirche), Richtung Südost.
Am Horizont der Kranz der Ostschweizer und Innerschweizer Alpen.
Grafische Sammlung der ETH Zürich (683, Legat V. Näf)

48　Interlaken, von Norden
Aquarell 350 × 450 mm, allseitig angeschnitten.
Keine Signatur.
Die topographische Bestimmung entspricht einer wahrscheinlichen Vermutung.
Vorne die Aare, nördlich von Interlaken. Man erkennt links die ehemalige Klosterkirche hinter einer Reihe von Pappeln. Rechts davor ein dreistöckiges Haus; auf der rechten Bildhälfte zwei weitere Gebäude. Im Hintergrund der Taleinschnitt der Lütschine.

Links die Kante der Schynige Platte, rechts jene der Sulegg.
In der Mitte hinten undeutlich die Konturen der Jungfrau.
Vorne rechts, am diesseitigen Aareufer, ein sitzender Angler.
Ehemals August Laube, Zürich (von diesem als Wilderswil
von Norden interpretiert, Abb. vorhanden).

Von J.J. Speerli Sohn könnten folgende kleinformatige, jedoch
unbezeichnete Aquarelle im Staatsarchiv des Kantons Aargau in
Aarau ausgeführt worden sein, um 1835–40:

BADEN   (Ansicht von der neuen Brücke aus)
Aquarell 66 × 103 mm. (Vorzeichnung zum Aquatintablatt Nr. 17.)

BADEN   (Blick vom Schützenhaus gegen die Bäder, überdeckte
Terrasse links)
Aquarell 70 × 101 mm. (Entsprechende Aquatinta: J. Meyer del.
«Vom Schützenplatz gegen die Baeder zu Baden», Basel bey Maehly &
Schabelitz, Q. 31., 71 × 102 mm.)

BADEN   (Blick vom Schloss Stein auf Stadt und Lägern)
Aquarell 69 × 106 mm. (Entsprechende Aquatinta: J. Meyer del.
«Von der Schloss-Capelle zu Baden», Basel bey Maehly & Schabelitz,
Q. 32., 68 × 103 mm.)

SCHLOSS WILDEGG   (rechts hinten Wildegg über dem Aarelauf)
Aquarell 65 × 97 mm.

SCHLOSS KASTELN AG   (Ansicht von Osten)
Aquarell 65 × 100 mm. (Entsprechende Aquatinta: Trachsler-Verlag
Zürich, Q. 23.) (Vorzeichnung zu den Aquatinten Nr. 138 und 139.)

RUINE DES SCHLOSSES AUENSTEIN
(vorne Mann mit Schubkarren)
Aquarell 65 × 100 mm. (Vorzeichnung zur Aquatinta Nr. 15.)

VERZEICHNIS DER ZEICHNUNGEN, DIE SPERLI, VATER UND
SOHN, AN DEN VERANSTALTUNGEN DER ZÜRCHER KÜNSTLER-
GESELLSCHAFT AUSSTELLTEN (VON 1811 BIS 1833)

Aufgeführt in den «Verzeichniss(en) der Kunstwerke, die auf
Veranstaltung der Künstler-Gesellschaft in Zürich öffentlich
ausgestellt worden».

20. MAI 1811
J. Speerli, von Kilchberg; Canton Zürich.
87. Ein Blumenstück nach der Natur; in Aquarell.

19. MAI 1812
J. Speerli, von Kilchberg, Cant. Zürich.
103. Beym Kapuzinerkloster auf dem Rigi; in Aquarell.
(Vgl. die Aquatinta Nr. 229.)

7. JUNY 1813
Jakob Speerli, von Kirchberg.
109. Bey Wallenstadt gegen dem Sichelkamm.

18. May 1814
J. Speerli, von Kirchberg C. Zürich.
97. Der Fätschbach im Linthal; aquarell.
(Vgl. die Aquatinta Nr. 84.)

3. July 1816
J. Speerli von Kilchberg.
105. Ein Theil der Stadt Luzern und des Rigibergs, auf Allenwinden gezeichnet.
106. Ansicht des Lungerer See gegen den Brünig und Wetterhorn; Aquarell.
(Vgl. die Aquatinta Nr. 162.)

12. May 1817
J. Sperli, von Kilchberg.
82. Aussicht von Winkel gegen Stanzstad, am Luzerner=See; in Aquarell.
(Vgl. die Aquatinta Nr. 317.)
83. Beym Steinbruch, nahe bey Winkel; idem.
84. Der Kiltgang; ein Transparent.
85. Die Betenden bey der Capelle; idem.

17. May 1819
Jacob Sperli, von Kilchberg, C. Zürich.
82. Eine Landschaft, in Aquarell.

18. May 1820
J. Sperli, von Kilchberg, C. Zürich.
92. 12 kleine Schweizerprospekte, in Aquarell.

16. July 1821
Sperrli, (Jakob), von Kilchberg.
102. Aussicht ab der EngstlenAlp, gegen die Wetterhörner und Finster=Aarhorn, in Aquarell.
(Vgl. die Aquatinta Nr. 82.)

17. May 1824
Speerli, Jakob, von Kilchberg, Ct. Zürich.
88. Zwey Landschaften in Aquarell.

12. May 1829
J. J. Speerli von Kilchberg, Cant. Zürich.
92. Ansicht des Klosters Engelberg nebst dem Titlis und dem Engelbergerstock; in Aquarell.
(Vgl. die Aquatinta Nr. 80/81 sowie das Aquarell Nr. 36.)

14. May 1832
J. Speerli, in Aussersihl, bey Zürich.
(Aquarell)
120. Bauernhaus zum Aeschi, am Thuner=See.
(Vgl. die Aquatinta Nr. 3.)
121. Der obere Grindelwaldgletscher.
(Vgl. das Aquarell Nr. 23.)

1. Juli 1833
J. J. Speerli, jünger, von Kilchberg.
(Aquarell)
88. Blumen nach der Natur.
89. Schmetterlinge, ebenso.

STICHE

ZÜRICH, HAUPTWACHE UND RATHAUSBRÜCKE
NR. 327

Ansicht der Hauptwache, Rathhaus, der untern Brüke
und dem ersten Gasthof in Zürich.

ZÜRICH, LINDENHOF

NR. 330

Vue d'une partie de Zurich.

à Neuchatel chez Jeanneret & Baumann

Zürich, Gasthof zum Raben

Nr. 331

DER GASTHOF ZUM RAABEN IN ZÜRICH.

J. Wirz, proprietor of the Hôtel at the Raven in Zurich (Switzerland) begs leave to recommend this establishment to the respective travellers. They will, he trusts, be satisfied with its favorable exposition (allowing the beautiful prospect of the lake) and with the cleanness of the appartments and the furniture. Meanwhile he hopes to gain their favor by the moderate rate of his prices and his attention and diligence in their service.

144 Zürich, Seeblick vom Gasthof zum Raben
NR. 332

AUSSICHT VON DEN ZIMMERN DESS GASTHOFS ZUM RAABEN IN ZÜRICH.

J. Wirz, propriétaire de l'Hôtel du Corbeau à Zurich (en Suisse) prend la liberté de recommander son établissement à M: M: les voyageurs. Persuadé qu'ils seront satisfaits de la belle situation de sa maison (sur les bords du lac) & la propreté des logements et du mobilier; il espère en même temps de gagner leurs suffrages par la modicité de ses prix et son empressement à les servir.

J. Wirz, Gastgeber zum Raaben in Zürich empfiehlt seinen schön gelegenen & aufs beste eingerichteten Gasthof. Die respectiven Reisenden werden bey ihm reinliche Zimmer, schnelle und billige Bedienung & jede Bequemlichkeiten finden.

ZÜRICH, KIRCHE ZUM KREUZ
NR. 337

DIE EHEMAHLIGE KIRCHE ZUM KREUZ.

148 ZÜRICH, CAFÉ SALOMONS-KELLER
    NR. 333

SALOMONS-KELLER

neuerrichtetes Caffe auf dem untern Hirschengraben in Zürich.

Der Besitzer empfiehlt sich allen Fremden & Einheimischen auf's beste

S. Reutlinger.

150 ZÜRICHBERG, KLÖSTERLI
     NR. 341

Das Klösterli auf dem Zürichberg.

Zürich, bey Trachsler.

Greifensee

nr. 109

Greifensee,
petite ville du Canton de Zuric.

Horgen, Knabeninstitut Hüni
nr. 123

nach der Natur gezeichnet von J. Hennerlay.　　　　　　　　　　　　　　　　　　　　　　　　gestochen v. J.J. Sperli.

DAS INSTITUT IN HORGEN
mit der Aussicht auf den Zürichsee.

zu finden bey Hein: Fuessli & Co in Zürich & bey J. Hennerlay in Horgen.

Regensberg
NR. 207

SCHLOSS REGENSBERG.

Zürcherisches Cantonal-Militär, 1827
NR. 320

Zürcherisches Cantonal-Militair

Gezeichnet und geätzt von J.J. Sperli.

160 ZÜRCHERISCHES CANTONAL-MILITÄR, 1840
NR. 321

Zürcherisches Cantonal-Militair.

Bern

nr. 46

VUE DE LA VILLE DE BERNE

prise depuis la route de Thoune.

Bern

NR. 42

Berne
vers la chaîne des alpes.

à Zurich chez l'Editeur H.F. Leuthold.

Hüningen, Belagerung 1815
Nr. 125

Situation der *Vestung Hüningen* waehrend der *Belagerung* gezeichnet von J. Sperli im Aug. 1815.

a. Vestung Hüningen.
b. Redoute beym weissen Thurm.
c. Batterie bey Abaturzi's Denkmal.
d. Oestreich: Lager zu Burgfelden.
e. St. Margaretha.
f. St. Johannes Vorstadt.
g. Gross=Basel.
h. Klein=Basel.
i. Galgenfeld.
k. Klein Hüningen.
l. Schweizerische Scharfschützen.
m. Rhein fluss

Basel, Stachelschützenhaus
nr. 36

Das Schützenhaus auf dem Petersplatz zu Basel.
La Maisons des tireurs à Bâle.

Zuric chez Trachsler.

Genf, L'Isle
nr. 98

Vue de l'Jsle à Genève.

172   Luzern, Löwendenkmal
           nr. 169

Denkmal der Schweizer vom 10. August 1792,
zu Luzern errichtet.

Zurich, bey Trachsler

Urnerloch

nr. 295 und 297

Entrée de l'Urnerloch,
Canton d'Uri.

Sortie de l'Urnerloch.
Canton d'Uri.

Zuric, chez Trahsler.

Schwyz
nr. 260

Vue de Schwyz.

Zürich chez R. Dikenman peintre.

Einsiedeln

nr. 78

Bourg et Couvent de notre Dame des Heremites
au Canton de Schwyz.

BADEN

NR. 22

Peint d'après nature par L.Mayer Attenhofer. Gravé par I.Sperli.

BADEN EN SUISSE
pris du coté de Wettingen.

BADEN IM AARGAU

gezeichnet auf der Straße nach den Großen Bädern

Aeschi

nr. 3

Vue prise près d'Aeschi, sur le lac de Thoune vers Unterseen etc.

Aussicht bey Aeschi, über den Thuner-See gegen Unterseen etc.

Oensingen und Schloss Neu-Bechburg
nr. 196

Oensingen.
village du Canton de Soleure.

Zuric, chez Trachsler.

Fribourg
nr. 91

Vue des Eglises des Jesuites et de St Nicolas à Fribourg

Zuric, chez Traehsler.

Schaffhausen, Gasthof zum Goldenen Falken
Nr. 250

J: J: Weber	J. J. Weber	J. J. Weber
Ger. Jynbmr zum	*Propriétaire du*	*Proprietor of the*
goldenen Falken	Faucon d'òr	Falcon D'or
in Schaffhausen in der Schweiz	à Schaffhouse en Suisse	at Schaffhouse in Switzerland
[handwritten German text]	*recommande son hôtel,*	*begs to recommend to travellers his*
	nouvellement établi et meublé	*new established hotel, with*
	au dernier goût, à tous les	*rooms furnished in an elegant*
	voyageurs.	*fashionable manner.*

Rheinfall

NR. 215

La chûte du Rhin.

à Zurich chez F. Sal. Fussly successeur de Keller et Fussly

WEINFELDEN
NR. 308

Weinfelden
1791
Miller

Sion
nr. 267

Vue de Sion.

NEUCHÂTEL
NR. 185

Vue d'une partie de la ville de Neuchatel depuis le môle.

à Neuchatel chez Jeanneret & Baumann.

La-Chaux-de-Fonds

nr. 142

La Chaux-de-fonds.

à Neuchatel chez Jeanneret & Baumann.

Le Locle

nr. 157

VUE DU LOCLE.

204 Fleurier
    nr. 85

Vue de Fleurier
Val-de-Travers.

à Neuchatel chez Jeanneret et Baumann.

Serrières
nr. 264

Pont de Serrieres
près de Neuchatel.

à Neuchatel chez Jeanneret & Baumann.

BESTEIGUNG DES MONT BLANC, 1785
NR. 175 UND 176

Besteigung des Mont Blanc, durch Herrn von Saufsure, im August 1785.
Montée sur la Cime du Mont Blanc par M.' de Saufsure, au Mois d'Août 1785.

Rükkehr des Herrn von Saufsure, vom Mont-Blanc, im August 1785.
Defente de M.' de Saufsure de la Cime du Mont-Blanc, au Mois d'Août 1785.

NIJMEGEN
NR. 189

NIMEGEN.

Verlag von K. Baedeker in Coblenz.

Wohlen, Eidg. Übungslager 1820
nr. 318

*Eidsgenössisches Uebungs-Lager
bey Wohlen im August 1820
Von der Morgen-Seiten*

214 WOHLEN, EIDG. ÜBUNGSLAGER 1820
NR. 319

*Eidsgenössisches Uebungs-Lager
bey Wohlen im August 1820.
Von der Abend-Seiten.*

Eidgenössisches Schützenfest in Zürich, 1834
NR. 339

Eidgenössisches Ehr- und Freyschiessen abgehalten bey Zürich, den 13. 14. 15. 16. 17. 18. 19. Juli 1834.

Verzeichnis der Stiche

Bemerkungen zum Gebrauch des Katalogs

Erfasst sind nicht nur die Aquatinten, die von J.J. Sperli (Vater oder Sohn) verfertigt worden sind, sondern auch jene, für die sie die Vorlagen geliefert haben. Bei einigen wenigen Arbeiten stammt sowohl die Vorlage als auch die Platte (bzw. der Stich) von einem der beiden. Die Katalognummern, die mit einem Stern * versehen sind, stellen Arbeiten von J.J. Speerli Sohn (1815–1866) dar.

Die Massangaben beziehen sich auf das Bildfeld inklusive die meist vorhandene einfache oder doppelte Randlinie. In besonderen Fällen werden auch andere Masse, so die der Platte, angegeben.

Eine Bildbeschreibung fehlt im Normalfall. Dort, wo sie vorkommt, dient sie lediglich der eindeutigen Identifikation eines bestimmten Blattes oder der Erklärung besonderer Sachverhalte.

Jeder Katalogeintrag enthält folgende Angaben: Katalognummer und neu formulierter Titel; Manier und Masse; *Titeltext auf dem Stich*; Name des Vorzeichners (delineavit) und Name des Stechers (sculpsit); Verlagsangabe und allfällig vorhandene Nummer(n); Angabe der Publikation, in der das Blatt vorkommt; weitere Angaben in Klammern.

Wo nötig, werden zur Unterscheidung die Blattgrössen im Titel bezeichnet: petit = ca. 68 × 100 mm; folio = ca. 100 × 170 mm; gross folio = ca. 185 × 265 mm. Die gemessenen Dimensionen in Millimetern können wegen der Verschiedenheit des Papiers und der Lagerung bis zu 5 mm variieren.

Alle auf den einzelnen Blättern vorkommenden Texte werden integral und buchstabengetreu erfasst. Auf die Angabe der örtlichen Plazierung der gestochenen Texte wurde jedoch um der Übersichtlichkeit des einzelnen Katalogeintrags willen verzichtet; ihre Abfolge ist standardisiert.

Versalien erscheinen wegen der optischen Klarheit der Darstellung in Kleinschrift.

Die Konsonantenverdoppelungen mit aufgesetztem Strich wurden aufgelöst (z.B. n̄ = nn), ebenso erscheint das Doppel-ß als ss.

Aquatinten sind üblicherweise nicht koloriert. Das trifft vor allem für die grösseren Formate zu. Am ehesten koloriert wurden Blätter im Petit-Format. Häufig dagegen findet man Abdrücke in zwei verschiedenen Tönungen, sei es von derselben oder von zwei verschiedenen Farben. Beliebt sind bei Sperli Zweitondrucke in Grün oder Blau kombiniert mit Schwarz, auch Braun in Braun, oder Blau in Blau. Selten findet man bei zwei bild- und textmässig identischen Blättern genau die gleiche Tönung.

Einige wenige im Katalog aufgeführte Blätter wurden nicht gefunden. Dort, wo kein Originaldruck eingesehen werden konnte, wird auf die Publikation hingewiesen, wo sich das betreffende Blatt erwähnt findet. Die daraus gezogenen Angaben können, da sie am Original nicht zu überprüfen waren, unvollständig und im Detail möglicherweise auch fehlerhaft sein.

Die im Katalog abgekürzt zitierten Publikationen sind am Schluss dieses Bandes mit ihrem vollen Titel aufgeführt.

1   AARAU
    Aquatinta 54 × 86 mm
    Aarau.
    J. Sperli sc.
    à Neuchatél chez Baumann Peters.

2* DER ABEND
    Aquatinta 78 × 105 mm
    Der Abend.   Le Soir.
    Danzer del.   Sperlin scpt
    Basel bey Maehly & Schabelitz   No. 13.
    In: Der Wanderer in der Schweiz 2, 1836, nach S. 192.

3   AESCHI   (gegen Unterseen)   *Abb. S. 185*
    Aquatinta 118 × 175 mm
    Vue prise près d'Aeschi, sur le lac de Thoune/ vers Unterseen etc.// Aussicht bey Aeschi, über den Thuner-See/ gegen Unterseen etc.
    Sperli, del. et sc.
    Basel bey J. C. Schabelitz   No. 4. (auch: No. 2.)
    In: Der Wanderer in der Schweiz 6, 1840, vor S. 267.

4   AESCHI   (gegen Thun)
    Aquatinta 118 × 175 mm
    Vue prise sur le Stampachhubel près d'Aeschi,/ vers Thoune.// Aussicht vom Stampachhübel bey Aeschi,/ gegen Thun.
    Sperli, del. et sc.
    Basel bey J. C. Schabelitz   No. 1.
    In: Der Wanderer in der Schweiz 6, 1840, vor S. 239.

5   AIROLO
    Aquatinta 118 × 160 mm
    Airolo.
    S. Corrodi del.   J. Sperli sc:
    à Zurich chez F. S. Fuessli successeur de Keller et Fuessli.
    (Die Ortschaft im Vordergrund, Pferdekutsche.)
    In: Promenade par les lieux les plus interessants de la Suisse.

6   AIROLO   (von Westen)
    Aquatinta 69 × 100 mm
    Airolo,/ village au Canton de Tessin.
    Scheuchzer, del.   Sperli, sc.
    Basel, bey Maehly & Schabelitz   S. 12.
    In: Der Wanderer in der Schweiz 4, 1838, vor S. 149.

7   ALPTHAL SZ
    Aquatinta 64 × 100 mm
    Alpthal,/ sur la route de Notre-Dame des hermites à Schwytz.
    Sperli, del.   Bebi, sc.
    Zuric, chez Trachsler.   E. 25.

8   ALTDORF
    Aquatinta 54 × 82 mm
    Altdorf.
    J. Sperli sc.
    à Neuchatel chez Baumann Peters & Cie.
    In: Souvenir de la Suisse (Neuchâtel, Baumann Peters, vers 1835).

9   ALTSTADT   (Insel im Vierwaldstättersee, bei Meggen)
    Aquatinta 68 × 101 mm
    Vue prise de l'île d'Altstad vers Stansstad,/ au lac de quatre Cantons.
    Scheuchzer, del.   Sperli, sc.

10* AMSTERDAM
Aquatinta 91 × 135 mm
Amsterdam.
Déss: par W. Paetz.   J. Spéerli sc.
Verlag von K. Baedecker in Koblenz./ Rotterdam bey A. Baedecker.
(Ein Damm erstreckt sich senkrecht ins Bild.)

11* AMSTERDAM   (het Paleis)
Aquatinta 90 × 136 mm
Amsterdam/ het Paleis en de nieuwe Kerk.
Dess par W. Paetz.   J. Spéerli sc.
Verlag von K. Baedeker: in Coblenz./ Rotterdam bey A. Baedeker.
(Das Rathaus (Paleis) links, eine Bretterwand rechts.)

ANDERMATT   siehe: Hospental

12 APPENZELL 1
Aquatinta 54 × 83 mm
Appenzell.
J. Sperli sc.
à Neuchatel chez Baumann Peters & Cie.
(Vorne Gewässer mit Enten, rechts Bauer mit zwei Kühen.)
In: Souvenir de la Suisse (Neuchâtel, Baumann Peters, vers 1835).

13 APPENZELL 2
Aquatinta 55 × 84 mm
Appenzell.
J. Sperli sc.
à Neuchatel chez Bauman Peters.
(Vorne beschwichtigt eine Appenzellerin ein Mädchen, rechts
daneben ein Mann mit zwei Zicklein im Tragkorb.)
In: Souvenir de la Suisse (Neuchâtel, Baumann Peters, vers 1835).

14 ATTINGHAUSEN
Aquatinta 70 × 105 mm
Attinghausen/ au Canton d'Ury
Sperli, sc.   D. 3.
In: Der Wanderer in der Schweiz 5, 1839, vor S. 109.

15 AUENSTEIN   (Schlossruine)
Aquatinta 69 × 102 mm
Les ruines du château d'Auenstein.
Sperli, sc.
Zurich chez Trachsler   Q. 21.

16 AUFZUG AUF DIE ALPEN
Aquatinta 78 × 113 mm
Der Aufzug auf die Alpen.   Le Départ pour les Alpes.
Danzer del.   Serlin scpt
Basel bey Maehly & Schabelitz   No. 14.
In: Der Wanderer in der Schweiz 1, 1835, nach S. 178.

17 BADEN 1   (deutsch)
Aquatinta 69 × 104 mm
Baden./ Canton Argau
Sperli del.   Q. 4.
In: Der Wanderer in der Schweiz 5, 1839, vor S. 69.

18   BADEN 2   (französisch)
     Aquatinta 69 × 104 mm
     Bade,/ ville et bains du Canton d'Argovie.
     Sperli del.
     à Zuric chez Trachsler.   Q. 4.   (Exemplare auch ohne Q. 4.)
     (Appenzeller 288, gestochen von Franz Hegi.)
     (Gleiches Bild wie Nr. 17.)

19   BADEN   (Bäder)
     Aquatinta 90 × 156 mm
     Baden in der Schweiz.
     Meyer, del.   Sperli, sc.
     (Vorzeichner: J. Meyer-Attenhofer.)

20* BADEN   (Milchgütlein)
     Aquatinta 108 × 168 mm
     Das Milchgütlein in Ennetbaden/ Laiterie au petit bains.
     F. Schmid, del.   J. J. Sperli sc.

21* BADEN   (von Wettingen aus, petit)
     Aquatinta 52 × 83 mm
     Baden/ Canton Argovie.
     J. Sperli fils sc.
     à Neuchatel chez Baumann Peters.
     In: Souvenir de la Suisse (Neuchâtel, Baumann Peters, vers 1835).

22   BADEN   (von Wettingen aus, grand folio)   *Abb. S. 181*
     Aquatinta 187 × 269 mm
     Baden en Suisse/ pris du coté de Wettingen.
     Peinte d'apres nature par I Mayer Attenhofer.
     Gravé par I Sperli.

23   BADEN 1   (Strasse nach den grossen Bädern, deutsch)   *Abb. S. 183*
     Aquatinta 185 × 265 mm
     Baden im Aargau/ gezeichnet auf der Strasse nach den Grossen Bädern.
     I. Mayer Attenhofer del.   I. I. Sperli sc.
     (Limmat links, rechts die protestantische Kirche.)

24   BADEN 2   (Strasse nach den grossen Bädern, französisch)
     Aquatinta 185 × 259 mm
     Baden en Suisse/ prise sur la route vers les grands bains.
     I. Mayer Attenhofer del.   I. I. Sperli sc.
     Chez Mayer-Attenhofer à Baden.
     (Gleiches Bild wie Nr. 23.)

25   BADEN   (von der Badhalde aus)
     Aquatinta 186 × 268 mm
     Baden en Suisse/ pris du sentier au bas de la Badhalden.
     Peint d'après nature par I Mayer Attenhofer.
     Gravé par I. Sperli
     (Liebespaar an der Limmat, bei Mondschein.)

26   BADEN   (Fernsicht von Südwesten, vom Baurengut aus)
     Aquatinta 185 × 259 mm
     Baden en Suisse/ pris du coté du Baurengut.
     Peint d'après nature par I. Mayer Attenhofer.   Grave par I. Sperli.
     Chez I. Mayer Attenhofer Editeur à Baden.
     (Im Staatsarchiv Aarau Ex. vor aller Schrift.)

27* BADEN-BADEN (du Fremersberg)
Aquatinta 95 × 132 mm
Baden, prise du Fremersberg.
J. Sperli. del. et Sc:
Chez J. Velten à Carlsruhe et Baden.

28* BADEN-BADEN (Mont des Olives)
Aquatinta 96 × 132 mm
Le Mont des Olives au Cimetière à Baden.
W. Scheuchzer del.   J. Sperli Sc.
Chez J. Velten à Carlsruhe et Baden.

29 BADEN-BADEN (von Westen)
Aquatinta 91 × 130 mm
Baden.
Bamberger del.   Sperli sc.
Frankfurt a. M.   L. Jügel.
In: F. Bamberger, Album de la Bergstrasse
(Frankfurt a. M., um 1835.)

30* BADEN-BADEN (Hôtel d'Angleterre)
Aquatinta 94 × 132 mm
L'Hotel d'Angleterre
C. Stuhl del.   J. Sperli fils sc.
Chez J. Velten à Carlsruhe et Baden.

31* BADEN-BADEN (Maison de Chasse)
Aquatinta 95 × 130 mm
La maison de Chasse.
C. Obach del.   J. Sperli sc.
Chez J. Velten à Carlsruhe et Baden.

32* BADEN-BADEN (Pavillon Stéphanie)
Aquatinta 94 × 130 mm
Le Pavillon Stéphanie.
C. Obach del.   J. Sperli sc.
Chez J. Velten à Carlsruhe et Baden.

33* BADEN-BADEN (Rochers près du Vieux Château)
Aquatinta 132 × 97 mm
Les Rochers près du vieux Château.
C. Obach del.   J. J. Sperli sc.
Chez J. Velten à Carlsruhe et Baden.

34 BASEL (von Nordwesten, von St. Johann aus)
Aquatinta 117 × 173 mm
Bâle, prise de l'ouest./ Basel, von der Abendseite.
Benz, del.   Sperli, sc.
Zuric, chez Trachsler.
(Ein mit Sperlis Namen versehenes Pendant mit der Ansicht
Basels von Osten, das heisst von St. Alban aus, wurde nicht
gefunden. Eine dafür in Frage kommende Aquatinta vor aller
Schrift, 122 × 163 mm, befindet sich in der Graphischen Sammlung
des Kunsthauses Zürich.)

35 BASEL (Mittlere Rheinbrücke von Kleinbasel aus)
Aquatinta 54 × 81 mm
Bâle.
J. Sperli sc.
à Neuchatel chez Baumann Peters & Cie.

36 BASEL (Schützenhaus auf dem Petersplatz)   *Abb. S. 169*
Aquatinta 67 × 101 mm
Das Schützenhaus auf dem Petersplatz zu Basel./ La Maisons des tireurs à Bâle.
Benz del.   Sperli sc.
Zuric chez Trachsler.

BAUERNHAUS   siehe: Bern (Bauernhaus)

BAUERNMAHLZEIT   siehe: Repas champêtre

37 BELLINZONA (von Süden)
Aquatinta 79 × 119 mm
Vue de la Ville de Bellinzona prise du côté du Sud.
J. J. Meyer, del.   J. Sperli, sc.
à Zurich chez J. J. Meyer peintre.   No. 23.
In: J. G. Ebel, Meyer's Bergstrassen durch Graubünden (Zürich, J. Jakob Meyer, um 1835).

38 BELLINZONA (mit Winzerpaar)
Aquatinta 118 × 158 mm
Bellinzona.
Corrodi del.   Sperli sc.
à Zuric chez F. Sal. Fussly successeurs de Keller et Fussly.

39 BERG SION (Kloster bei Gommiswald SG)
Aquatinta 68 × 101 mm
Près le couvent de Sion vers le lac de Zuric.
W. Scheuchzer, del.   Sperli, sc.
Zuric, chez Trachsler.   Q. 22.

40 BERN 1
Aquatinta 97 × 137 mm
Vue de Berne.
R Huber, del.   J. Sperli. sc.
à Thoune chez Frs. Schmid au Panorama.

41 BERN 2
Aquatinta 113 × 173 mm
Vue de Berne.
H. Baumann pinx.   J. Sperli sc.
à Neuchatel chez Jeanneret & Baumann.
(Vorne links Trachtenmädchen und Senn.)

42 BERN (mit der Alpenkette)   *Abb. S. 165*
Aquatinta 157 × 231 mm
Berne/ vers la chaine des alpes.
Gravé par Sperli
à Zurich chez F. Sal. Fussly successeur de Keller & Fussli.
In: Promenade pittoresque par la Suisse (Zurich, Keller et Füssli).
2. Zustand (mit anderer Verlagsadresse:)
à Zurich chez l'Editeur H. F. Leuthold.

43 BERN (Panorama vom Münsterturm aus)
Aquatinta auf 2 Blättern. Blatt links 144 × 457 mm,
Blatt rechts 144 × 457 mm, beide zusammen 144 × 914 mm.
(auf dem Blatt links) *Panorama der Stadt Bern/ vom Münsterturm aufgenommen.*
(auf dem Blatt rechts) *Panorama de la ville de Berne/ dessiné sur la tour de la Cathédrale.*

Franz Schmid, del.   J.J. Sperli, sculp.
(Am oberen Rand insgesamt 90 (38 + 52) Angaben von Örtlichkeiten in der Stadt, auf der Landschaft und mit Bezug auf die Berge und Alpengipfel.)
2. Zustand (mit Verlagsangabe:) Eigenthum und Verlag von Carl Stauffer, Lithographe

44 BERN   (Panorama von der Enge aus)
Aquatinta 133 × 469 mm
Vue des glaciers de l'Oberland Bernois,/ prise de la promenade de l'Enghi, près de Berne.
Dessiné par F. Schmied,/ corrigée par Thle. Studer.
Gravé par J.J. Sperli.
à Berne chez J.J. Burgdorfer, libraire et marchand d'estampes.

45 BERN   (von der Enge aus)
Aquatinta 234 × 354 mm
Vue de la Ville de Berne/ prise depuis l'Enge.
Peint d'apres nature par U. Burri.   Gravé par J. Sperli.

46 BERN   (vom Muristalden aus)   *Abb. S. 163*
Aquatinta 228 × 352 mm
Vue de la Ville de Berne/ prise depuis la route de Thoune.
Peint d'après nature par U. Burri.   Gravé par J. Sperli

47 BERN   (Münster von Westen)
Aquatinta 112 × 167 mm
La Cathédrale de Berne.
F. Schmid del.   J. Sperli sc.
à Neuchatel chez Jeanneret & Baumann.

48 BERN   (Zeitglockenturm)
Aquatinta 111 × 168 mm
La tour du grand horloge à Berne.
F. Schmid del.   J. Sperli sc.
à Neuchatel chez Jeanneret & Baumann.

49 BERNER BAUERNHAUS 1   (Maison de Paysan)
Aquatinta 54 × 85 mm
Maison de Paysan./ (Canton Berne)
J. Sperli sc.
à Neuchatel chez Baumann Peters.
(Neben dem Brunnen vorne ein Küher, zwei Mädchen und ein Hund.)

50 BERNER BAUERNHAUS 2   (Ferme Bernoise)
Aquatinta 52 × 83 mm
Ferme Bernoise.
J. Sperli sc.
à Neuchatel chez Baumann Peter & Cie.
(Vorne links am Brunnen eine Magd. Rechts Hühner und drei Enten.)

51 BERNERHAUS   (Maison Bernoise)
Aquatinta 52 × 83 mm
Maison Bernoise.
J. Sperli sc.
à Neuchatel chez Baumann Peters & Cie.
(Vorne links ein Mädchen, das Hühner füttert. Links am Rand ein Bienenhaus.)
In: Souvenir de la Suisse (Neuchâtel, Baumann Peters, vers 1835).

BERNHARD   siehe: Saint-Bernard

BERNHARDINPASS   siehe: San Bernardino

52   BEURON   (Kloster)
Aquatinta 170 × 243 mm
Ansicht des Klosters Beuron,/ vue du Couvent de Beuron.
J. H. Neukom. del.   J. Sperli. Sculp:
Publié par Hy. Locher à Zurich.   Jmp. R. Foppert.   No 3.
In: Malerische Reise der Donau, hrsg. von Joh. Heinrich Locher
(Zürich, J. Hch. Locher, um 1840), Blatt 3.

53   BEVER
Aquatinta 75 × 105 mm
Village de Bevers contre les Glaciers des Berninas.
J. J. Meyer, del.   J. Sperli, sc.
à Zurich chez J. J. Meyer peintre.
In: Souvenir de Saint-Maurice et ses Environs dans la haute
Engadine (Zurich, J. J. Meyer, vers 1835).
2. Zustand (mit anderer Verlagsadresse:)
Zurich chez Henri Fuessli & C.

54   BIEL
Aquatinta 114 × 169 mm
Bienne.
H. Baumann del.   J. Sperli sc.
à Neuchatel chez Jeanneret et Baumann.

55   BÖSCHENROTH   (am Zugersee)
Aquatinta 68 × 103 mm
Boeschenroth am Zuger-See./ Böschenroth au lac de Zoug.
Sperli fec.
Zurich chez Trachsler   G 3

56   BOPPARD
Aquatinta 91 × 135 mm
Boppard.
n. d. Natur v. G. Muller.   J. Sperli sc.
Coblenz K. Baedeker.
In: Baedeker, Rheinreise 7.

57* BREDA
Aquatinta 93 × 138 mm
Breda.
Déss: par W: Paetz.   J. Spéerli sc.
Verlag von K. Baedeker in Koblenz./ Rotterdam bey A. Baedeker.

58   BRESTENBERG 1   (deutsch)
Aquatinta 67 × 103 mm
Das Schloss Brestenberg/ am Hallwyler See
Bosshardt, del.   Sperli, sc.
2. Zustand (im Titel Angabe des Kantons und Verlagsadresse:)
Canton Argau.
Basel bey Maehly & Schabelitz   Q. 26.
In: Der Wanderer in der Schweiz 2, 1836, nach S. 160.

59   BRESTENBERG 2   (französisch)
Aquatinta 67 × 103 mm
Le Château de Brestenberg,/ au lac de Hallwyl, Canton d'Argovie.
Bosshardt, del.   Sperli, sc.
Zuric, chez Trachsler.   Q. 26.   (Gleiches Bild wie Nr. 58.)

60 BRETIÈGE   (Bretiège les Bains = Brüttelenbad BE)
Aquatinta 55 × 82 mm
Bains de Bretiège.
J. Sperli sc.
à Neuchatel chez Baumann Peters & Cie
In: Souvenir de la Suisse (Neuchâtel, Baumann Peters, vers 1835).

61 BRUNNEN
Aquatinta 68 × 102 mm
Brunnen,/ l'interieur de Brounnen, vers les montagnes d'Uri.
Schmid, del.   Sperli, sc.   E. 29.
In: Der Wanderer in der Schweiz 5, 1839, vor S. 97.

62 BÜLACH
Aquatinta 65 × 99 mm
Bülach,/ petite ville du Canton de Zuric.
Sperli, del. et sc.

63 BURGDORF
Aquatinta 332 × 482 mm
Bourgdorf/ ville du Canton de Berne
J.J. Sperli sc.

64 CAMPO DOLCINO
Aquatinta 77 × 118 mm
Campo Dolcino en venant de Chiavenna.
J.J. Meyer, del.   J. Sperli, sc.
à Zurich chez J.J. Meyer peintre.   No. 28.
In: J. G. Ebel, Meyer's Bergstrassen durch Graubünden
(Zürich, J. Jakob Meyer, um 1835).

65 CHAUMONT NE   (le Signale)
Aquatinta 54 × 83 mm
Le Signale au Chaumont.
J. Sperli sc.
à Neuchatel chez Baumann Peters & Cie.
In: Souvenir de la Suisse (Neuchâtel, Baumann Peters, vers 1835).

CHIENS DU MONT ST. BERNARD   siehe: Sankt Bernhard

66* CHILLON   (Schloss)
Aquatinta 87 × 117 mm
Château de Chillon.
Dessiné par Wegelin.   Gravé par Spéerli
Publié par le Bazar Vaudois.

67 CHUR
Aquatinta 54 × 83 mm
Coire.
J. Sperli sc.
à Neuchatel chez Baumann Peters.
In: Souvenir de la Suisse (Neuchâtel, Baumann Peters, vers 1835).

68* CHUR   (Eidgenössisches Schützenfest 1842)
Lithographie 296 × 449 mm
Das eidgenössische Ehr- und Freischiessen in Chur 1842.
Werth von 60,000 Frk.
Aufgenommen, lith. und zu haben bei J. Sperli in Zürich.
(Blick vom Innern der Festhütte auf die Fahnenburg (in der Mitte)
und das Caféhaus (links). Der Schiessstand im Hintergrund,
parallel zur Festhütte. Oben Mitte das Schweizerwappen,

unten Mitte das dreigeteilte alte Bündner Wappen und Trauben.
Komposition gleich wie beim Eidgenössischen Schützenfest von
Zürich 1834, Nr. 339.)

69 COLOMBIER 1
Aquatinta 116 × 170 mm
Vue de Colombier.
H. Baumann del.   J. Sperli sc.
à Neuchatel chez Jeanneret & Baumann.
(Mit dem alten Glockenturm, also vor 1828.)

70 COLOMBIER 2
Aquatinta 116 × 170 mm
Vue de Colombier.
H. Baumann del.   J. Sperli sc.
à Neuchatel chez Jeanneret Frères.
(Mit dem neuen Glockenturm, also nach 1829.)
2. Zustand (mit Angabe des Kantons und anderer Verlagsadresse:)
Vue de Colombier./ Ct: de Neuchâtel.
Zürich chez R. Dikenmann Peintre Rindermarkt N 353.
(Platte im SLM, Inv. LM 34572.)

71 COLOMBIER   (petit)
Aquatinta 54 × 82 mm
Colombier.
J. Sperli sc.
à Neuchatel chez Baumann Peters & Cie.
In: Souvenir de la Suisse (Neuchâtel, Baumann Peters, vers 1835).

72 CRESTA   (bei Celerina GR)
Aquatinta 75 × 117 mm
Cresta, Cellerina, Samada, Bevers et Ponté./ Vus au dessus de Cresta.
J. J. Meyer del.   J. Sperli sc.
à Zurich chez J. J. Meyer peintre.
In: Souvenir de Saint-Maurice et de ses Environs dans la haute
Engadine (Zurich, J. J. Meyer, vers 1835).

DEN HAAG   siehe: s'Gravenhage

73* DELFT
Aquatinta 90 × 138 mm
Delft.
Déss: par W Paetz.   J. Spéerli sculp.
Verlag von K. Baedeker in Koblenz./ Rotterdam bey A Baedeker.

74 DILLINGEN
Aquatinta 169 × 245 mm
Dillingen.
Sperli. Sc: No. 18
In: Malerische Reise der Donau, hrsg. von Joh. Heinrich Locher
(Zürich, J. Hch. Locher, um 1840), Blatt 18.

75 DOUBS   (Mühlen am Saut du Doubs)
Aquatinta 115 × 170 mm
Moulins au dessous du Saut du Doubs.
H. Baumann del.   J. Sperli sc.
à Neuchatel chez Jeanneret & Baumann.

76* EBERSTEIN   (Schloss Alt-Eberstein bei Baden-Baden)
Aquatinta 96 × 132 mm
Château d'Eberstein.

C. Obach del   J. J. Sperli sc.
Chez J. Velten à Carlsruhe et Baden.

77* EHRENBREITSTEIN
Aquatinta 89 × 137 mm
Ehrenbreitstein.
Dessiné d'après nature per J. J. Siegmund.   J. Speérli sculp.
Coblenz K. Baedeker.
(Schiffsbrücke, das Schloss jenseits des Rheins.)

78 EINSIEDELN   *Abb. S. 179*
Aquatinta 168 × 241 mm
Bourg et Couvent de notre Dame des Heremites/ au Canton de Schwyz.
Dessiné et gravé par Sperli.
à Zurich chez F. Sal. Fussly successeur de Keller et Fussly.

ELM   siehe: Glarus

79* EMS D
Aquatinta 90 × 137 mm
Ems.
Dessiné d'après nature par J J Siegmund.   J. Speérli sculp.
Coblenz K. Baedeker.

80 ENGELBERG 1   (Kloster, deutsch)
Aquatinta 71 × 109 mm
Engelberg,/ Kloster im Canton Unterwaldn
Sperli, del.   Hürlimann, sc.
Basel bey Maehly & Schabelitz   No 28.
In: Der Wanderer in der Schweiz 1, 1835, nach S. 110.

81 ENGELBERG 2   (Kloster, französisch)
Aquatinta 71 × 109 mm
Engelberg,/ Couvent au Canton d'Unterwald.
Sperli, del.   Hürlimann, sc.
à Zuric chez Trachsler
(Gleiches Bild wie Nr. 80.)

82 ENGSTLENALP
Aquatinta 70 × 106 mm
Auf der Engstlen-Alp./ Sur l'Engstlen-Alpe, Canton de Berne.
Sperli del.   F. Hegi sc   B. 13.
(Appenzeller 270.)

83 FAIDO
Aquatinta 68 × 101 mm
Faido,/ au val de Levantine Canton du Tessin.
Scheuchzer, del.   Sperli, sc.
Basel, bey Maehly & Schabelitz:
In: Der Wanderer in der Schweiz 4, 1838, vor S. 137.

84 FÄTSCHBACHFALL
Aquatinta 102 × 73 mm
Der Fetschbach./ Cascade du Fetschbach au Canton de Glaris.
Sperli del.   Kern sculp.
Zürich, bey Trachsler.
2. Zustand (mit Nummer:) H. 3.
3. Zustand (mit Verlagsangabe:) Basel bey Maehly & Schabelitz   H. 3.
In: Der Wanderer in der Schweiz 3, 1837, nach S. 158.

FERME BERNOISE   siehe: Berner Bauernhaus

85 FLEURIER *Abb. S. 205*
Aquatinta 115 × 172 mm
Vue de Fleurier/ Val-de Travers.
H. Baumann del.   J. Sperli sc.
à Neuchatel chez Jeanneret et Baumann.

FRAUENFELD   siehe: Oberkirch (Kapelle)

86 FRIBOURG   (petit)
Aquatinta 54 × 85 mm
Freyburg.
J. Sperli sc.
à Neuchatel chez Baumann Peters.
In: Souvenir de la Suisse (Neuchâtel, Baumann Peters, vers 1835).

87 FRIBOURG   (folio)
Aquatinta 111 × 172 mm
Vue de Frybourg.
H. Baumann pinx.   J. J. Sperli sc.
à Neuchatel chez Jeanneret & Baumann.

88 FRIBOURG   (von Osten)
Aquatinta 294 × 402 mm
Vue de Fribourg du côté du Levant,/ prise depuis la promenade du Palatinat.
J. Kappeler pinx.   J. J. Sperli sc.
se vend chez J. Kappeler peintre à Fribourg.

89 FRIBOURG   (von Süden)
Aquatinta 297 × 410 mm
Vue de Fribourg du coté du Midi.
J. Kappeler, del.   J. J. Sperli, sc.
Se vend chez J. Kappeler pintre à Fribourg.

90 FRIBOURG   (Hängebrücke)
Aquatinta 248 × 324 mm
Pont suspendu de Fribourg Suisse/ Construit par Mr. Chaley Jngenieur français,// Longueur 273 m. (840 P 5 p) Elévation au dessus de la Sarine 51 m. (157 P)
J. Oechslin del.   J. J. Sperli sc.
se vend chez J. C. Meyer à Fribourg et chez Tessaro à Berne.

91 FRIBOURG 1 *Abb. S. 189*
(Jesuitenkirche und Kathedrale St-Nicolas, französisch)
Aquatinta 70 × 104 mm
Vue des Eglises des Jesuites et de St. Nicolas à Fribourg
Schmid, del.   Sperli, sc.
Zuric, chez Trachsler   K. 2.

92 FRIBOURG 2
(Jesuitenkirche und Kathedrale St-Nicolas, zweisprachig)
Aquatinta 70 × 104 mm
Die Jesuiten und St. Nicolauskirche/ in Freiburg.//
L'Eglise des Jesuites et de St Nicolas/ à Fribourg.
Schmid, del.   Sperli, sc.
Basel bey Maehly & Schabeliz   N. 8   K. 2.
In: Der Wanderer in der Schweiz 2, 1836, nach S. 28.
(Gleiches Bild wie Nr. 91.)

93   FURKA
　　Aquatinta 142 × 204 mm
　　Vue prise au passage de la Furka/ Cant. d'Ury
　　D. A. Schmied. del.   J. Sperly. sc.
　　2. Zustand (mit Verlagsadresse und Nummer:)
　　Zürich chez Hy. Fuessly & Co.   No 24

94   DIE GEMSJÄGER 1
　　Aquatinta 112 × 83 mm
　　Die Gemsjäger. Les chasseurs aux chamois.
　　Danzer del: Sperli scp
　　Basel bey Maehly & Schabelitz   No. 10.
　　In: Der Wanderer in der Schweiz 1, 1835, nach S. 188.

95   DER GEMSJÄGER 2
　　Aquatinta 197 × 155 mm
　　Le Chasseur au Chamois.   Der Gemsiaeger
　　J. J. Sperli sc.

96* DER GEMSJÄGER   (Rückkehr des Gemsjägers)
　　Aquatinta 54 × 83 mm
　　Retour du chasseur aux Chamois.
　　I. Sperli fils sculp.
　　à Neuchatel chez Baumann Peters.
　　In: Souvenir de la Suisse (Neuchâtel, Baumann Peters, vers 1835).

97* GENF   (gegen Süden)
　　Aquatinta 116 × 171 mm
　　Vue de Génève.
　　F. Schmid del.   J. Speerli sc.
　　à Neuchatel chez Jeanneret & Baumann.

98   GENF   (l'Isle)   *Abb. S. 171*
　　Aquatinta 70 × 105 mm
　　Vue de l'Isle à Genêve.
　　Schmid, del.   Sperli, sc.
　　Zuric, chez Trachsler.   X. 14.

99   GENF   (Temple de la Fusterie)
　　Aquatinta 69 × 104 mm
　　Vue du Temple de la Fusterie à Genêve.
　　Schmid, del.   Sperli, sc.
　　Zuric, chez Trachsler.

100* GERNSBACH
　　Aquatinta 96 × 133 mm
　　Gernsbach.
　　C. Obach del.   J. J. Sperli sc.
　　Chez J. Velten à Carlsruhe et Baden.
　　(Blick gegen Murgbrücke und Eberstein.)

101 GERSAU   (petit)
　　Aquatinta 70 × 106 mm
　　Gersau,/sur le lac des Waldstetten, Canton Schwytz.
　　Sperli, del.   E. 8.
　　In: Der Wanderer in der Schweiz 5, 1839, vor S. 101.
　　(Appenzeller 274; gestochen von Franz Hegi.)

102 GERSAU   (grossfolio)
　　Aquatinta 209 × 288 mm
　　Gersau am Vier-Waldstaedter-See.

Jhrer Königl. Hoheit der Frau Erbgrossherzogin von Meklenburg-Schwerin/ gebornen Prinzessin Alexandrine von Preussen &ct. &ct. unterthänigst gewidmet,/ und zum Besten der Wadzeck's-Anstalten herausgegeben/ von H. Leuthold.
Gemalt von Sperlin.
Gedruckt von Jacob Schwoydinsky.
Gestochen von Joh. Bapt: Hössel
zu haben beim Professor Wadzek, Prenzlauer St. Nr. 31./ und beim Herausgeber, Behren Str. No. 38 in Berlin. Preis 2 Rtth:

103 GIESSBACHFALL
Aquatinta 202 × 141 mm (ohne die doppelte Roulettenrandlinie)
Der Giessbach/ in der Schweiz. (Titel auch französisch und englisch.)
D. A. Schmied. del.   Sperli. sc.
Hildburghausen u. New York: in der Kunstanstalt des Bibliographischen Jnstituts.   Eigenthum der Verleger.   III.

104 GLARUS   (dargestellt ist nicht Glarus, sondern ELM)
Aquatinta 53 × 84 mm
Glarus.
Sperli sc.
à Neuchatel chez Baumann Peters.
In: Souvenir de la Suisse (Neuchâtel, Baumann & Peters, vers 1835).

105 GORGIER   (Schloss)
Aquatinta 54 × 83 mm
Chateau de Gorgier.
J: Sperli sc.
à Neuchatel chez Baumann Peters & Cie.
In: Souvenir de la Suisse (Neuchâtel, Baumann Peters, vers 1835).

GOTTHARD   siehe: Sankt Gotthard

GRAND-ST. BERNARD   siehe: Saint-Bernard

106 GURNIGEL BAD
Aquatinta 65 × 95 mm
Les Bains de Gournigel.
Sperli del.
(Auktion Stuker 299, Bern, 18./19. 11. 1986, Los 185.)

107* s'GRAVENHAGE
Aquatinta 92 × 139 mm
s'Gravenhage.
Déss par W. Paetz.   J. Spéerli sculp.
Verlag von K. Baedecker in Coblenz.

108 GREIFENSEE 1   (zweisprachig)
Aquatinta 69 × 105 mm
Greifensee,/ am Züricher See   au Lac de Zuric.
Sperli del.
Basel bey Maehly & Schabelitz   A. 25.
In: Der Wanderer in der Schweiz 3, 1837, nach S. 198.

109 GREIFENSEE 2   (französisch)   *Titelbild und Abb. S. 153*
Aquatinta 69 × 105 mm
Greifensee,/ petite ville du Canton de Zuric.
Sperli del.
(Gleiches Bild wie Nr. 108.)
(Appenzeller 265, gestochen von Franz Hegi.)

110   GRIMSEL   (Hospiz)
Aquatinta 142 × 204 mm
L'hospice du Grimsel/ Cant: de Berne
D. A. Schmid del: J. Sperli. sc:
Zurich chez H J Fuessly & Co

111   GÜNZBURG
Aquatinta 170 × 247 mm
Günzburg.
Brenner. del.   Sperli. Sc:
Publié par Hy Locher à Zurich   No 16
In: Malerische Reise der Donau, hrsg. von Joh. Heinrich Locher,
(Zürich, J. Hch. Locher, um 1840), Blatt 16.

112   GUNTEN
Aquatinta 117 × 175 mm
Vue prise de Gonten au lac de Thoune/ vers le château de Spietz et le Niesen.//
Aussicht von Gonten am Thunersee/ gegen das Schloss Spietz und den Niesen.
Sperli, fec.
Basel bey J. C. Schabelitz   No. 2.
In: Der Wanderer in der Schweiz 6, 1840, vor S. 235.

HALDERNALP   siehe: Rigi (Holderen)

113*   HARLEM
Aquatinta 91 × 138 mm
Harlem.
Déss: par W. Paetz.   J. Spéerli sc.
Verlag von K. Baedeker in Koblenz./ Rotterdam bey A. Baedeker.

114   HEIDELBERG   (von der Schlossterrasse)
Radierung 53 × 83 mm
Heidelberg von der Schlossterrasse.
Sperli sc.
à Heidelberg chez L. Meder.

115   HEIDELBERG   (gegenüber der Stadtkirche)
Aquatinta 91 × 128 mm
Heidelberg.
Prestel del.   Sperli sc.
Frankfurt a. M.   C. Jügel.
In: F. Bamberger, Album der Bergstrasse, Frankfurt a. M.
(um 1835).

116   HEIDELBERG   (Gasthof zum Prinz Carl)
Radierung 51 × 84 mm
Heidelberg vom Gasthof zum Prinz Carl.
Sperli sc.
A Heidelberg chez L. Meder.

117   HEIDELBERG   (Schlosshof)
Aquatinta 85 × 53 mm
Heidelberg. Innere Ansicht des Schlosshofes.
Sperrli sc.
A Heidelberg chez L. Meder.

118 HEIDELBERG (Schloss von Südosten)
Aquatinta 93 × 132 mm
Schloss zu Heidelberg
Prestel del.   Sperli sc.
Frankfurt a. M.   C. Jügel.

119 HEIDELBERG (Schloss von Norden)
Aquatinta 90 × 128 mm
Schloss zu Heidelberg.
Prestel del.   Sperli sc.
Frankfurt a. M.   C. Jügel.
In: F. Bamberger, Album der Bergstrasse, Frankfurt a. M. (um 1835).

120* s'HERTOGENBOSCH
Aquatinta 93 × 137 mm
s'Hertogenbosch.
Dess: par W. Paetz.   J. Spéerli scul.
Verlag von K. Baedecker in Koblenz./ Rotterdam bey A. Baedecker.

121 HORBIS (bei Engelberg)
Aquatinta 67 × 105 mm
Horben, im Engelberger=Thal, Canton Unterwalden.
Sperli del.
Zürich bey Trachsler.

HOFSTETTEN   siehe: Thun (Hofstetten)

122 HORGEN
Aquatinta 67 × 100 mm
Horgen,/ village au lac de Zuric.
Scheuchzer, del.   Sperli, sc.
Basel bey Maehly & Schabelitz   A. 47.
In: Der Wanderer in der Schweiz 3, 1837, nach S. 114.

123 HORGEN (Knabeninstitut Hüni) *Abb. S. 155*
Aquatinta 202 × 318 mm
Das Institut in Horgen/ mit der Aussicht auf den Zürichsee
nach der Natur gezeich: von J. Honnerlag.   gestochen. v:
J. J. Sperli
zu finden bey Hein: Fuessli & Ci in Zürich & bey J. Honnerlag
in Horgen.

124 HOSPENTAL UND ANDERMATT
Aquatinta 67 × 101 mm
Hospital u. Andermatt,/ Canton Ury.
Sperli, fec.
Basel bey Maehly & Schabelitz.   D. 7.
In: Der Wanderer in der Schweiz 3, 1837, nach S. 54.

125 HÜNINGEN (Belagerung von 1815) *Abb. S. 167*
Aquatinta 128 × 202 mm
Situation der Vestung Hüningen waehrend der Belagerung gezeichnet von
J: Sperli im Aug: 1815
(Unten die Legenden zu den Buchstaben a–m im Bilde, in 3 Spalten.
Im Vordergrund rechts der Kampf der Franzosen von der gegen
die Stadt Basel gerichteten Schanze aus. Im Hintergrund eher
links die Stadt Basel. Der Rhein zieht sich von links her ins Bild
hinein. Jenseits des Flusses, am linken Bildrand, das Dorf Klein-
hüningen mit angedeuteten Soldaten.)

126 IBERG   (Burgruine bei Wattwil)
Aquatinta 96 × 131 mm
Yberg
J.J. Sperli. père. sc:

INNERSCHWEIZ   (Relief von Delkeskamp)   siehe: Schweiz

127 INTERLAKEN
Aquatinta 99 × 140 mm
Vue d'Interlaken et d'Unterseen.
R. Huber, del.   J.J. Sperli. sc.

128 JOHANNISBERG   (Schloss bei Rüdesheim)
Aquatinta 91 × 136 mm
Johannisberg. Johannisberg.
n. d. Natur gez. v. G. Müller.   J. Sperli, sc.
Coblenz K. Baedeker.

129 JUNGFRAU UND LAUTERBRUNNENTAL   (petit)
Aquatinta 65 × 100 mm
La Iungfrau,/ dans la valée de Lauterbrunn.
Sperli del.

130 JUNGFRAU UND LAUTERBRUNNENTAL   (folio)
Aquatinta 99 × 142 mm
Vue de la Jungfrau/ et de la vallée de Lauterbrunnen.
R. Huber, del.   J.J. Sperli. sc.

131 JUNGFRAU UND LAUTERBRUNNENTAL 1   (grand folio)
Aquatinta 142 × 200 mm
Vue de Jungfrau/ et de la vallée de Lauterbrunnen
J. Sperli. del: H. Häsli. sc:
Zurich chez Hy. Fuessly & Co

132 JUNGFRAU UND LAUTERBRUNNENTAL 2   (grand folio)
Aquatinta 144 × 195 mm
Vue de la Joungfrau/ dans la Vallée de Lauterbrunnen.
Sperli del.   Martens sculps.
Zürich chez Henry Füssli.

133 KAISERSTUHL 1   (Escherhof, innere Ansicht)
Aquatinta 56 × 74 mm
Ruinen des Escher Hofes/ zu Kaiserstuhl/ Stammhaus der Familie Escher/
Jnnere Ansicht.
Sperli fec.
(Die Kupferplatte in Zürcher Privatbesitz. Siehe Aquarell 25.)

134 KAISERSTUHL 2   (Escherhof, äussere Ansicht)
Aquatinta 55 × 74 mm
Ruinen des Escher Hofes:/ zu Kaiserstuhl/ Stammhaus der Familie Escher/
Aussere Ansicht
Sperli fec.
(Die Kupferplatte in Zürcher Privatbesitz. Siehe Aquarell 26.)

135 KAISERSTUHL UND SCHLOSS RÖTTELN 1
Aquatinta 56 × 74 mm
Schloss Rötheln/ bey Kaiserstuhl/ gegen Morgen.
Sperli fec.
(Rötteln = Rotwasserstelz, gegenüber von Kaiserstuhl.
Die Kupferplatte in Zürcher Privatbesitz. Siehe Aquarell 28.)

136 KAISERSTUHL UND SCHLOSS RÖTTELN 2
Aquatinta 55 × 74 mm, 1833
Schloss Rötheln/ bey Kaiserstuhl/ gegen Abend.
Sperli fec.
(Die Kupferplatte in Zürcher Privatbesitz. Siehe Aquarell 27.)

KAISERSTUHL   siehe auch: Lungernsee

137 KANDERBRÜCKE
Aquatinta 67 × 96 mm
Vue du Pont de Kander,/ Canton de Berne
(Auktion Stuker 299, Bern, 18./19. 11. 1986, Los 987.)

138 KASTELN   (Schloss bei Oberflachs AG, deutsch)
Aquatinta 66 × 103 mm
Schloss Kastelen./ Canton Argau
Sperli, sc.   Q. 23.
In: Der Wanderer in der Schweiz 5, 1839, vor S. 49.

139 KASTELN   (Schloss bei Oberflachs AG, französisch)
Aquatinta 66 × 103 mm
Le Château de Kastelen,/ au Canton d'Argovie.
Sperli, sc.
Zuric, chez Trachsler.   Q. 23.
(Gleiches Bild wie Nr. 138.)

140 KONSTANZ
Aquatinta 115 × 168 mm
Aufsicht gegen Konstanz. Vue vers Constance.
W. Scheuchzer, del.   Sperli, sc.
Zuric, chez Trachsler
2. Zustand (mit anderer Verlagsadresse:)
Basel bey Maehly & Schabelitz.
3. Zustand (mit anderer Verlagsadresse:)
Basel bey J. C. Schabelitz   No. 1.
In: Der Wanderer in der Schweiz 6, 1839/40, vor S. 171.
(Ernst Müller, Der Thurgau in alten Ansichten, 1992, Nr. 381
«Gottlieben».)

141 LA-CHAUX-DE-FONDS   (petit, Platz in der Stadtmitte)
Aquatinta 53 × 83 mm
La Chaux de Fonds.
J. Sperli sc.
à Neuchatel Baumann Peters & Cie.
In: Souvenir de la Suisse (Neuchâtel, Baumann Peters, vers 1835).

142 LA-CHAUX-DE-FONDS   (folio)   *Abb. S. 201*
Aquatinta 114 × 173 mm
La Chaux-de-Fonds.
Hy. Baumann, del.   J. J. Sperli, sc.   (Speerli fils?)
à Neuchatel chez Jeanneret & Baumann.

143 LA-CHAUX-DE-FONDS   (grand folio)
Aquatinta 194 × 280 mm
La Chaux de Fonds.
W. Moritz del.   J. Sperli sc.
à Neuchatel chez Baumann Peters & Ce.

144 LA NEUVEVILLE NE 1
Aquatinta 114 × 173 mm
Neuveville/ vue prise des Plantées.
J. Bonjour, pinx.   J. Sperli, sc.
à Neuchatel chez Jeanneret & Baumann.

145 LA NEUVEVILLE NE 2
Aquatinta 228 × 321 mm
Neuveville/ Lac de Bienne.
H. Baumann, pinx.   J. J. Sperli, sc. (Sperli Sohn?)
(Am oberen Rand des Stichs die Namen von elf Berggipfeln.)

146 LAUERZ (Sankt Otto)
Aquatinta 68 × 103 mm
St. Otto am Lowerzersee./ St. Otton au lac de Lowerz.
J. Sperli fec.
à Zuric chez Trachsler.

147 LAUSANNE (petit)
Aquatinta 53 × 82 mm
Lausanne.
J. Sperli, sc.
à Neuchatel chez Baumann Peters.
In: Souvenir de la Suisse (Neuchâtel, Baumann Peters, vers 1835).

148 LAUSANNE (folio)
Aquatinta 114 × 171 mm
Lausanne.
H. Baumann del.   J. Sperli sc.
à Neuchatel chez Jeanneret & Baumann.

149 LAUSANNE (Eglise française)
Aquatinta 68 × 105 mm
Lausanne/ vue de la place de l'église francaise.
Schmid, del.   Sperli, sc.
Zuric, chez Trachsler.   T. 22.

150* LAUSANNE (Hôtel Gibbon)
Aquatinta ca. 90 × 120 mm
Lausanne./ Hôtel Gibbon.
Wegelin fec.   J. J. Sperli sc.
Publié par le Bazar Vaudois.
(Kdm Vaud III, 1979, p. 355, fig. 305.)

151* LAUSANNE (Hôtel de Ville)
Aquatinta 89 × 120 mm
Lausanne./ L'hôtel-de-ville et la Place de la Palud.
D. Wegelin del.   J. J. Sperli sc.
Publié par le Bazar Vaudois.

152* LAUSANNE (Montbenon)
Aquatinta 88 × 119 mm
Lausanne/ Promenade de Montbenon.
Wegelin fec.   J. Spéerli sc.
Publié par le Bazar Vaudois.

153* LAUSANNE (Vue du Champ de l'air)
Aquatinta 88 × 119 mm
Lausanne,/ Vüe prise de la nouvelle route près du Champ de l'air.
Wègelin del.   Spéerli Fils scul:
Publié par le Bazar Vaudois.

154 LAUSANNE (Panorama)
Aquatinta auf zwei Blättern, linkes Blatt 204 × 550 mm,
rechtes Blatt 204 × 553 mm, insgesamt 204 × 1103 mm.
Panorama de Lausanne/ et du Lac Léman.
Carrard pinxit. Sperly sculp.
(unten Mitte) Publié par George/ Rouiller à Lausanne.
(unten links) V. Marlot Paris 26 Galerie Vivienne.
(unten rechts) Mc. Lean. London 26 Hay Market.
(Die Stadt Lausanne auf dem Blatt rechts.)

155 LAUSANNE (Grab des Otto von Grandson in der Kathedrale)
Aquatinta 107 × 74 mm
Otto von Gransons./ Grabmal zu Lausanne.//
Le Monument/ d'Otto de Granson à Lausanne.
Maehly pinx(t) Sperli del.
Basel, bey Maehly & Schabelitz
In: Der Wanderer in der Schweiz 2, 1836, vor S. 153.

156 LE LOCLE (Hauptplatz)
Aquatinta 54 × 82 mm
Locle.
J. Sperli sc:
à Neuchatel chez Baumann Peters & Cie.
In: Souvenir de la Suisse (Neuchâtel, Baumann Peters, vers 1835).

157 LE LOCLE   *Abb. S. 203*
Aquatinta 195 × 276 mm
Vue du Locle.
W: Moritz del. J: Sperli sculp.

158 LEUKERBAD
Aquatinta 113 × 169 mm
Bains de Louëche.
F. Schmied del. J. Sperli sc.
à Neuchatel chez Jeanneret & Baumann.
2. Zustand (mit anderer Verlagsadresse:)
à Neuchatel chez Jeanneret Frères.

LEWENSTEIN siehe: Loevestein

159* LEYDEN
Aquatinta 90 × 136 mm
Leyden.
Déss: par W. Paetz. J. Spéerli sc
Verlag von K. Baedeker in Koblenz./ Rotterdam bey A. Baedeker.

160 LOCARNO
Aquatinta 116 × 174 mm
Locarno, au Canton de Tessin./ Luggarus, im Canton Tessin.
Benz, del. Sperli, sc.
Basel, bey J. C. Schabelitz No. 2.
In: Der Wanderer in der Schweiz 6, 1840, vor S. 139.

161* LOEVESTEIN (Festung bei Gorinchem, Gelderland NL)
Aquatinta 91 × 139 mm
Loevestein.
Déss: par W. Paetz. J. Spéerli sc.
Verlag von K. Baedeker in Koblenz./ Rotterdam bey A. Baedeker.

162 LUNGERNSEE
Aquatinta 70 × 108 mm
Von Kaiserstuhl über den Lungernsee gegen die Wetterhörner,/ Canton Unterwalden.
Sperli, del.
Basel bey Maehly & Schabelitz.   F. 9.
In: Der Wanderer in der Schweiz 1, 1835, nach S. 104.
(Appenzeller 276, gestochen von Franz Hegi.)

163 LUZERN 1   (von Westen, mit Rigi, petit)
Aquatinta 54 × 88 mm
Lucerne.
J. Sperli sc.

164 LUZERN 2   (von Westen, mit Rigi, folio)
Aquatinta 115 × 169 mm
Vue de Lucerne.
F. Schmid pinx   J. Sperli sc.
à Neuchatel chez Jeanneret & Baumann.

165 LUZERN   (von oberhalb der Hofkirche, nach Westen)
Aquatinta 115 × 170 mm
Vue de Lucerne.
F. Schmid pinx.   J. Sperli sc.

166 LUZERN
Aquatinta 228 × 349 mm
Vue de la Ville de Lucerne
Dessiné d'après nature par J. U. Burri.
Se vend chez J. U. Burri Paysagiste à Zurich N. 646
2. Zustand (mit anderer Verlagsadresse:)
Chez H. F. Leuthold Editeur à Zurich.

167 LUZERN   (petit)
Aquatinta 68 × 104 mm
Luzern,/ prise derrière l'eglise d'im Hof./ hinter der Jmhofer Kirche aufgenommen
C: Meichelt. sc.   Sperli del.
Basel bey Maehly & Schabelitz   C. 2.
(Vorne rechts Magd mit Kinderwagen vor Haus mit Laubengang. Die Stadt hinten eher links, aus der Gegend der Hofkirche gesehen.)

168* LUZERN   (mit Trachtenpaar und Hofkirche links)
Aquatinta 54 × 81 mm
Lucerne.
J. J. Sperli, sc.

169 LUZERN   (Löwendenkmal)   *Abb. S. 173*
Aquatinta 69 × 104 mm
Denkmal der Schweizer vom 10. August 1792,/ zu Luzern errichtet.
Sperli. del et sc
Zurich, bey Trachsler.   C. 6.
2. Zustand (mit anderer Verlagsadresse:)
Basel bey Maehly & Schabelitz   C. 6.
In: Der Wanderer in der Schweiz 1, 1835, nach S. 14.

LUZERN   siehe auch: Repas champêtre

170 MAINAU, INSEL
Aquatintaradierung 238 × 310 mm
Die Insel Mainau.
Sperli del.   von Babo sc.
(Schefold, Baden, Nr. 29903.)

MAISON BERNOISE   siehe: Bernerhaus

MAISON DE PAYSAN   siehe: Berner Bauernhaus 1 und 2, auch Unterseen

171 MAINZ
Aquatinta 92 × 135 mm
Maynz. Mayence.
n. d. Natur gez. v. G. Müller.   J. Sperli, sc.
Coblenz K. Baedeker.
(Baedeker, Rheinreise, Blatt 1.)

172 MEIRINGEN   (Burg Resti)
Aquatinta 70 × 104 mm
Von der Burg Resti gegen Meyringen./ Vue prise près du château de Resti vers Meyringen.
Sperli, del.   F. Hegi sc.
Basel bey Maehly & Schabelitz   B. 30.
(Version auch ohne die Verlagsadresse.)
(Appenzeller 268.)
In: Der Wanderer in der Schweiz 3, 1837, nach S. 62.

173 MEIRINGEN   (Zwirgi)
Aquatinta 68 × 97 mm
Vue de la wallée de Meyringen prise de la descente le/ Zwirgi C. Berne
(Ohne Sculpsit von Sperli.)
(Auktion Stuker 299, Bern 18./19. 11. 1986, Los 988.)

174 MONTBLANC
Aquatinta 52 × 84 mm
Montblanc dans la Vallée de Chamouny.
J. Sperli sc.
à Neuchatel chez Baumann Peters & Cie.
In: Souvenir de la Suisse (Neuchâtel, Baumann Peters, vers 1835).

175 MONTBLANC   (Aufstieg)   *Abb. S. 209*
Aquatinta 76 × 110 mm
Besteigung des Mont Blanc durch Herrn von Saussure, im August 1785/ Montée sur la Cime du Mont Blanc par Mr. de Saussure, au Mois d'Août 1785
Danzer, del: Sperli scpt.
Basel, bey Maehly & Schabelitz   No. 20.
In: Der Wanderer in der Schweiz 2, 1836, nach S. 44.

176 MONTBLANC   (Abstieg)   *Abb. S. 209*
Aquatinta 75 × 110 mm
Rükkehr des Herrn von Saussure vom Mont-Blanc, im August 1785/ Dèsente de Mr de Saussure de la Cime du Mont-Blanc, au Mois d'Aôut 1785
Danzer, del.   Sperli, scpt
Basel bey Maehly & Schabelitz   No. 21.
In: Der Wanderer in der Schweiz 2, 1836, nach S. 48.

MONT ST-BERNARD   siehe: Saint-Bernard

177 MÜRRENBACHFALL
Aquatinta 66 × 100 mm
Cascade du Myrrenbach./ à la vallée de Louterbroun.
Sperli fec.
Zuric, chez Trachsler.

178 MURTEN
Aquatinta 111 × 180 mm
Vue de Morat.
H. Baumann, pinx. J. Sperli, sc.
à Neuchatel chez Jeanneret & Baumann.

179 NEUCHÂTEL 1 (von Nordosten, folio)
Aquatinta 114 × 164 mm
Vue de Neuchatel.
H. Baumann del. J. Sperli sc.
à Neuchatel chez Jeanneret et Baumann.

180 NEUCHÂTEL 2 (von Nordosten, folio)
Aquatinta 114 × 164 mm
Vue de Neuchatel.
H. Baumann del. J. Sperli sc.
à Neuchatel chez Jeanneret Frères.
(Gleiches Bild wie bei Nr. 179.)

181 NEUCHÂTEL 3 (von Nordosten, grossfolio)
Aquatinta 195 × 281 mm
Neuchatel.
W. Moritz del. J. Sperli sc.
à Neuchatel chez Baumann Peters & Cie.

182 NEUCHÂTEL (von Westen, grossfolio)
Aquatinta 194 × 278 mm
Vue de Neuchatel.
W. Moritz del. J. Sperli sculp.
2. Zustand (mit Verlagsadresse:)
à Neuchatel chez Baumann Peters & Cie.

183* NEUCHÂTEL (Hôtel du Faucon)
Aquatinta 55 × 84 mm
Hôtel du Faucon/ à Neuchatel.
G. Grisel del. J. Sperli fils sc.
In: Souvenir de la Suisse (Neuchâtel, Baumann Peters, vers 1835).

184 NEUCHÂTEL (Port)
Aquatinta 52 × 84 mm
Port de Neuchatel.
J. Sperli sc.
à Neuchatel chez Baumann Peters & Cie.
In: Souvenir de la Suisse (Neuchâtel, Baumann Peters, vers 1835).

185 NEUCHÂTEL (depuis le môle) *Abb. S. 199*
Aquatinta 114 × 175 mm
Vue d'une partie de la ville de Neuchatel depuis le môle.
H. Baumann del. J. Sperli sc.
à Neuchatel chez Jeanneret & Baumann.
(Blick vom See auf das Schloss, am Ufer drei Boote.)

186 NEUCHÂTEL (Place du Marché)
Aquatinta 51 × 84 mm
Place du Marché/ à Neuchatel.

J. Sperli sc.
à Neuchatel chez Baumann Peters & Cie.
In: Souvenir de la Suisse (Neuchâtel, Baumann Peters, vers 1835).

187 NEUCHÂTEL (Hôtel de Ville)
Aquatinta 51 × 84 mm
Hôtel de ville./ à Neuchatel.
J: Sperli sc:
à Neuchatel chez Baumann Peters & Cie.
In: Souvenir de la Suisse (Neuchâtel, Baumann Peters, vers 1835).

188 NEUCHÂTEL (Dampfschiff «l'Industriel»)
Aquatinta 56 × 82 mm
Bateau à vapeur l'Industriel./ Neuchâtel
J. Sperli. sc.
à Neuchatel chez Baumann Peters.
In: Souvenir de la Suisse (Neuchatel, Baumann Peters, vers 1835).

189* NIJMEGEN   *Abb. S. 211*
Aquatinta 91 × 138 mm
Nimegen.
Déss. par W. Paetz.   J. Spéerli sculp.
Verlag von K. Baedecker in Coblenz./ Rotterdam bey A. Baedecker.

190 NYON 1 (petit, deutsch)
Aquatinta 70 × 104 mm
Nyon/ am Genfer See.
Schmidt, del.   Sperli sc.
Basel, bey Maehly & Schabelitz   T 19
In: Der Wanderer in der Schweiz 2, 1836, nach S. 92.

191 NYON 2 (petit, französisch)
Aquatinta 70 × 104 mm
Nyon au lac de Genève
Schmidt, del.   Sperli sc.
Zuric, chez Trachsler
(Gleiches Bild wie Nr. 190.)

192 OBERHASLI (Berner Oberland, mit Ringern)
Aquatinta 60 × 85 mm
Les Lutteurs d'Oberhasli.
Sperli sc.
à Neuchatel chez Baumann Peters & Cie.
(Auktion Ruffy et Mincieux, Lausanne, 11./12. 4. 1930, Los 330.)

193 OBERKIRCH (Kapelle bei Frauenfeld)
Aquatinta 52 × 82 mm
Thurgovie./ Chapelle d'Oberkirch.
J. Sperli sc.
Neuchatel chez Baumann Peters.
In: Souvenir de la Suisse (Neuchâtel, Baumann Peters, vers 1835).
(Ernst Müller, Der Thurgau in alten Ansichten, 1992, Nr. 310 «Frauenfeld».)

194 OBERWIL ZG
Aquatinta 66 × 101 mm
Oberweil,/ sur lac de Zoug.
Sperli, del. et. sc.
Zuric, chez Trachsler.   G. 5.

195 OENSINGEN 1 (petit, deutsch)
Aquatinta 67 × 101 mm
Oensingen./ Canton Solothurn
Sperli, del.   Meichelt, sc.   L. 7.
In: Der Wanderer in der Schweiz 5, 1839, vor S. 29.

196 OENSINGEN 2 (petit, französisch)   *Abb. S. 187*
Aquatinta 67 × 101 mm
Oensingen./ village du Canton de Soleure.
Sperli, del.   Meichelt, sc.
Zuric, chez Trachsler.
(Gleiches Bild wie Nr. 195.)

197 OLTEN 1 (petit, deutsch)
Aquatinta 67 × 101 mm
Olten,/ Canton Solothurn.
Sperli, del.   L. 5.
In: Der Wanderer in der Schweiz 5, 1839, vor S. 33.

198 OLTEN 2 (petit, französisch)
Aquatinta 67 × 101 mm
Olten,/ petite ville au Canton de Soleure.
Sperli, del.
(Gleiches Bild wie Nr. 196.)

199 ORBE (Pont)
Aquatinta 115 × 168 mm
Pont d'Orbe.
G. Lory pinx.   J. Sperli sc.
à Neuchatel chez Jeanneret et Baumann.
2. Zustand (mit anderer Verlagsadresse:)
A Neuchatel chez Jeanneret Frères.

200 OUCHY
Aquatinta 69 × 103 mm
Ouchi/ prise depuis la jetée.
Schmidt, del.   Sperli, sc.
Zuric, chez Trachsler   T. 18.

PETERSINSEL   siehe: Sankt Petersinsel

201 PFEFFINGEN
Aquatinta 69 × 105 mm
Schloss Pfeffingen.   Château de Pfeffingen. // Canton Basel.
Benz, del.   Sperli, sc.   I. 10.
In: Der Wanderer in der Schweiz 5, 1839, vor S. 9.

202 PIERRE-PERTUIS
Aquatinta 112 × 170 mm
Pierre = Pertuis.
Rösel. del.   J. J. Sperli sc.
à Neuchatel chez Jeanneret & Baumann.
2. Zustand (Ergänzung im Titel und mit andere Verlagsadresse:)
Pierre=Pertuis./ à la grande route de Bâle à Berne.
Zürich chez R. Dikenmann Peintre Rindermarkt N 353.
(Die Kupferplatte im SLM, Inv. LM 34570.)

203 PONTRESINA
Aquatinta 75 × 117 mm
Village de Pontresina contre les glaciers de Rosegg.
J. J. Meyer, del.   J. Sperli, sc.

à Zurich chez J.J. Meyer, peintre
In: Souvenirs de Saint-Maurice et de ses Environs dans la haute
Engadine (Zürich, J.J. Meyer, um 1835).

204* PULLY
Aquatinta 89 × 119 mm
Vue de Pully et du Creux du Valais.
Dessiné par Wegelin.   Gravé par Spéerli.
Publié par le Bazar Vaudois.

RAGAZ   siehe: Wartenstein (Schloss)

205 RAPPERSWIL 1   (von Nordwesten)
Aquatinta 137 × 193 mm
Vue de Rapperschwyl vers Lachen/ lac de Zurich.
A. D. Schmid. del.   J. Sperly. sc.
Zurich chez Hy. Fuessli et Cie.

206 RAPPERSWIL 2   (von Nordwesten)
Aquatinta 144 × 201 mm; ohne die punktierte Randlinie
137 × 193 mm
Rapperschwyl/ Lac de Zürich// Rapperschwyl/ am Züricher See//
Rapperschwyl/ Zürich Lake
A. D. Schmid. del.   J. Sperly. sc.
Hildburghausen u. Neu.York: aus der Kunstanstalt des Biblio-
graphischen Instituts   Eigenthum der Verleger.   II
(Gleiches Bild und gleiche Platte wie Nr. 205.)

207 REGENSBERG *Abb. S. 157*
Aquatinta, meist dunkelbraun, 319 × 412 mm (inklusive die 28 qua-
dratischen Randfelder in Aquatinta). Das Bild von Regensberg
allein 225 × 317 mm. Auf allen vier Randpartien ausserhalb der
Aquatinta Graudruck. Grösse der Platte 397 × 503 mm.
(Titel oben Mitte) *Schloss Regensberg.*
(Auf den umlaufenden 28 Feldern in Aquatinta die Wappen und
Namen der Zürcher Landvögte von 1674 bis 1795 sowie jene von
sieben späteren Amtsträgern. Als letzter figuriert «Hans Jakob/
Ryffel, Statthalt./ jetziger Besitzer/ des Schlosses./ 1838.»
Der obere Graudruck gibt die Namen der Landvögte von 1409
bis 1668 an, der seitliche die Landschreiber sowie weitere Beamte
der Vogtei und des späteren Bezirks Regensberg; unten erscheint
ein altertümliches Versgedicht mit der Geschichte von Regensberg,
signiert am Ende von «RA. 1582.».)
H. Bräm del.   J. Sperli sc.

208 REICHENAU   (Schloss GR)
54 × 83 mm
Grisons/ chateau Reichenau.
J. Sperli sc.
à Neuchatel chez Baumann Peters.
(Vgl. B. Weber, Graubünden, S. 202, Nr. 158 P. 10.)

209* LE REPAS CHAMPÊTRE
Aquatinta 54 × 81 mm
Le repas champêtre/ (Canton de Lucerne.)
I. Sperli fils sculp.
à Neuchatel chez Baumann Peters.
(Landleute beim Löffeln einer Milchsuppe. Hinten links
die Museggtürme von Luzern.)

210 RHEINECK (Schloss bei Niederbreisig D)
Aquatinta 90 × 136 mm
Schloss Rheinek.
n. d. Natur v. G. Muller.   J. Sperli sc.
Coblenz K. Baedeker.
(Baedeker, Rheinreise, Blatt 12.)

211 RHEINFALL (grossfolio)
Aquatinta 240 × 310 mm
Vue de la Chûte du Rhin.
Sperli del.   Gravé par Kern.
(Auktion Kündig, Zürich 28./29. 10. 1932, Los 424;
Auktion Fischer-Pfisterer, Zürich 17. 5. 1933, Los 1111.)

212 RHEINFALL (von Westen)
Aquatinta 115 × 159 mm
La Chute du Rhin.
W. Bury del.   J. Sperli sc:
à Zurich chez F. S. Fuessly successeur de Keller et Fuessly.
In: Promenade par les Lieux les plus interessants de la Suisse
(Zürich, Keller & Füssli, um 1830–35).
(Das Schlösschen Wörth vorne Mitte.)

213 RHEINFALL 1 (von Nordwesten)
Aquatinta 112 × 171 mm
Chûte du Rhin/ près de Schafhouse.
H. Baumann del.   J. Sperli sc.
(Vorne rechts das Schlösschen Wörth, davor zwei Kähne.
Eine Dame mit Sonnenschirm und ein Mann bewundern
den Wasserfall.)

214 RHEINFALL 2 (von Nordwesten)
Aquatinta 120 × 182 mm
La Chûte du Rhin près de Schaffouse.   Der Rheinfall bey Schaffhausen.
Sp. del.   Kern. sc.
Zürich bey Trachsler.
(Vorne eine Dame im Gespräch mit einem Mann. Links davon
ein Mann mit Dreispitz.)

215 RHEINFALL (von Norden)   *Abb. S. 193*
Aquatinta 170 × 238 mm
La chûte du Rhin.
Gravé par Sperli
(Links Neuhausen, rechts das Schlösschen Wörth.)
2. Zustand (mit Verlagsadresse:)
à Zurich chez F. Sal. Fussly successeur de Keller et Fussly

216 RHEINFALL MIT HOTEL WEBER
Aquatinta 206 × 308 mm
Hôtel Weber,/ près de la Chûte du Rhin à Schaffhouse.
C. Coradi, fec.   J. J. Sperli sc.
(Rechts das Hotel auf einer Anhöhe, links der Wasserfall.)

217 RHEINFELDEN
Aquatinta 69 × 102 mm
Rheinfelden,/ petite ville du Canton d'Argovie.
Benz, del.   Sperli, sc.
Zuric, chez Trachsler   Q. 14.
2. Zustand (mit anderer Verlagsadresse:)
Basel, bey Maehly & Schabelitz   Q. 14.
In: Der Wanderer in der Schweiz 2, 1836, nach S. 106.

218 RIEDLINGEN (an der Donau, Württemberg)
Aquatinta 170 × 247 mm
Riedlingen,/ an der Donau.
H. Neukom del: J. Sperli. Sc.
Publié par Hy. Locher à Zurich N 131 No. 11
In: Malerische Reise der Donau, hrsg. von Joh. Heinrich Locher
(Zürich, J. Hch. Locher, um 1840), Blatt 11.

219 RIGI (Dächli)
Aquatinta 72 × 115 mm
Das Daechli am Rigi – L'Auberge du Daechli sur le Righi.
Sperli, del
à Zuric chez Trachsler. E. 16.
2. Zustand (mit anderer Verlagsadresse:)
Basel bey Maehly & Schabelitz E. 16.
In: Der Wanderer in der Schweiz 1, 1835, nach S. 50.

220 RIGI (Denkmal des Herzogs von Sachsen-Gotha, petit)
Aquatinta 61 × 89 mm
Das Denkmal des Herzogs von Sachsen-Gotha./ Le monument du Duc de Saxe-Gotha, sur le Righi.
(Text auf dem Denkmal) «Dem frommen Andenken weiland/ Ernst v. Sachsen-Gotha/ Herr durch Edelsinn und Biederkeit/ weihte dieses/ im Angesicht der Alpen u. des freien Volks/ das er liebte u. hochachtete./ MDCCCV./ R»
Sperli, del.
2. Zustand (mit Verlagsadresse und Nummer:)
Basel bey Maehly & Schabeliz E. 21.
In: Der Wanderer in der Schweiz 1, 1835, nach S. 42.

221 RIGI (Denkmal des Herzogs von Sachsen-Gotha, folio)
Aquatinta 70 × 118 mm
Das Denkmahl des Herzogs von Sachsen-Gotha./ Auf dem Rigi. Canton Schwytz.
Sperli, del.
Publié à Bâle chez Lamy.
(Text auf dem Denkmal gleich wie bei Nr. 220.)
(Auktion Mincieux-Messikommer, Zürich 5./6. 2. 1929, Los 689, Pl. XIII unten.)

222 RIGI (Einsiedelei)
Aquatinta 69 × 114 mm
Die Einsideley auf dem Rigi – L'Ermitage sur le Righi.
Sperli, del.
à Zuric chez Trachsler. E. 22.

223 RIGI (Felsentor)
Aquatinta 105 × 71 mm
Das Felsenthor auf dem Rigi./ La porte des roches sur le Righi.
Sperli del.
Zuric chez Trachsler. E. 20
2. Zustand (mit anderer Verlagsadresse:)
Basel bey Maehly & Schabelitz E. 20
In: Der Wanderer in der Schweiz 1, 1835, nach S. 30.

224 RIGI (Fête du Jet)
Aquatinta 60 × 85 mm
Fête du Jet sur le Righi.
Sperli del.
à Neuchatel chez Baumann Peters & Cie.
(Auktion Ruffy & Mincieux, Lausanne 11./12. 4. 1930, Los 330.)

225 RIGI (Holderen, oberhalb Seeboden)
Aquatinta 72 × 107 mm
Auf der Haldern-Alp am Rigi am Wege nach Küssnacht.
Sperli, del.
Zürich bey Trachsler.
2. Zustand (mit anderer Verlagsadresse:)
Basel bey Maehly & Schabelitz   E. 9.
In: Der Wanderer in der Schweiz 5, 1839, vor S. 145.
(Appenzeller 273, gestochen von Franz Hegi.)

226 RIGI (Kaltbad)
Aquatinta 72 × 117 mm
Das Kalt-Bad auf dem Rigi – Le Kalt-Bad sur le Righi.
Sperli, del.
à Zuric chez Trachsler
2. Zustand (mit anderer Verlagsadresse:)
Basel bey Maehly & Schabelitz   E. 17.
In: Der Wanderer in der Schweiz 1, 1835, nach S. 32.

227 RIGI (Klösterli)
Aquatinta 68 × 103 mm
Hospitium auf dem Rigi./ L'hospice et les Auberges sur le Righi, au Canton de Schwyz.
J. Sperli del.   U. Kern sculp.

228 RIGI (Kulm, Wirtshaus)
Aquatinta 67 × 114 mm
Wirthshaus auf dem Rigi-Kulm – L'Auberge sur le Righi-Kulm.
Sperli, del.
à Zuric chez Trachsler.
2. Zustand (mit anderer Verlagsadresse:)
Basel bey Maehly & Schabelitz
In: Der Wanderer in der Schweiz 1, 1835, nach S. 38.

229 RIGI (Maria zum Schnee, Chapelle)
Aquatinta 68 × 112 mm.   (Vgl. Handzeichnung Nr. 30.)
Maria zum Schnee – Chapelle de N. D. des Neiges sur le Righi.
Sperli, del.
à Zuric chez Trachsler.   F. 19.
2. Zustand (mit anderer Verlagsadresse:)
Basel bey Maehly & Schabelitz   F. 19.
In: Der Wanderer in der Schweiz 1, 1835, nach S. 46.

230 RIGI (Maria zum Schnee, Hospice)
Kreidelithographie 160 × 234 mm
Hospice de N. D. à la neige, au Rigi
I. Sperli pinx.   Lith. de I. Brodtmann.
publié chez Keller & Füssli a Zürich.

231 RIGI (Staffel)
Aquatinta 66 × 112 mm
Wirthshaus auf der Rigistaffel – L'auberge sur le Righi-Staffel.
Sperli, del.
Zuric, chez Trachsler.   E. 15.
2. Zustand (mit anderer Verlagsadresse:)
Basel bey Maehly & Schabelitz   E. 15.
In: Der Wanderer in der Schweiz 1, 1835, nach S. 34.

RÖTTELN   siehe: Kaiserstuhl

232* ROTTERDAM
Aquatinta 91 × 138 mm
Rotterdam/ De grote Markt.
Dess par W. Paetz.   J. Spéerli sc.
Verlag von K Baedecker in Koblenz./ Rotterdam bey A. Baedecker.

233 RÜDESHEIM
Aquatinta 91 × 136 mm
Rüdesheim.
n. d. Nat. gez. v. G. Müller   gest. v. Sperli.
Verlag von K. Baedeker in Koblenz.

234 RÜTI GL
Aquatinta 70 × 105 mm
Rüti im Linththal, Canton Glaris.
Sperli, del.
2. Zustand (mit Nummer:) H. 5.
3. Zustand (mit Nummer und Verlagsadresse:)
Basel bey Maehly & Schabelitz   H. 5.
In: Der Wanderer in der Schweiz 3, 1837, nach S. 138.

235 RÜTLI
Aquatinta (folio)
Grütli au Lac de Wallenstadt. Canton d'Uri
Sperli del.
(Auktion Nachlass Dr. Th. Engelmann, Basel 14./16. 3. 1932, Los 857.)

236 SAINT-BERNARD   (Les Chiens du Grand St-Bernard)
Aquatinta 54 × 89 mm
Les Chiens du Mont St. Bernard.
J. Sperli sc.
à Neuchatel chez Baumann Peters.
(Zwei Hunde graben einen Mann aus einer Lawine aus.
Von rechts kommen zwei Mönche. Das Kloster hinten rechts.)

SAINTE-AGATHE   siehe: Schwyz (Sankt Agatha, Kapelle)

237 SAINT-BLAISE
Aquatinta 113 × 171 mm
Vue de St. Blaise.
R. Meyer pinx.   J. Sperli sc.
à Neuchatel chez Jeanneret & Baumann.
2. Zustand (mit erweitertem Titel und anderer Verlagsadresse:)
Vue de St. Blaise./ au lac de Neuchâtel.
Zürich chez R. Dikenmann Peintre, Rindermarkt. N. 353.

238 SAINT-SULPICE   (Areusequelle NE)
Aquatinta 177 × 117 mm
Source de la Reusse à St. Sulpice/ Val-de-Travers.
Hy. Baumann del.   J. Sperli sc.
à Neuchatel chez Jeanneret & Baumann Cie.

239 SAN BERNARDINO GR
Aquatinta 75 × 117 mm
Village St. Bernhardin prise depuis le Sud.
J. J. Meyer, del.   J. Sperli sc.
2. Zustand (mit Verlagsadresse und Nummer:)
à Zurich chez J. J. Meyer peintre.   No. 21.
In: J. G. Ebel, Meyer's Bergstrassen durch Graubünden
(Zürich, J. Jakob Meyer, um 1835).

240 SANKT ADRIANKAPELLE   (bei Rötlen, Arth SZ)
Aquatinta 69 × 105 mm
St. Adrian am Zugersee./ St. Adrien au lac de Zoug.
Sperli, del.
2. Zustand (mit Nummer:) G. 2.
In: Der Wanderer in der Schweiz 5, 1839, vor S. 81.

SANKT FIDEN   siehe: Sankt Gallen (Sankt Fiden)

241 SANKT GALLEN   (von Südwesten)
Aquatinta 125 × 173 mm
St. Gallen
M. Schmid, del.   Gravé par Sperli.
2. Zustand (mit Verlagsadresse:)
Zurich chez Dikenmann peintre.
3. Zustand (mit Angabe des Verlagsdomizils:)
Zurich chez Dikenmann peintre. Neustadt No. 148.
(Die Kupferplatte im SLM, Inv. LM 34620.)

242 SANKT GALLEN   (grosse Ansicht von Nordwesten)
Aquatinta 310 × 476 mm
(oben) *No. 4./ Ansicht der Stadt St. Gallen und ihrer Umgebung. Vue de la Ville de St. Gall et de ses environs.*
(unten) *Von Mitternacht (Nordost), Standpunkt auf dem Leimath   Du côté du septentrion (Nord = Est), point de vue pris de la Leimath.*
Schmied del.   Sperlii sculpt.
Zu haben bei dem Herausgeber Johann Caspar Müller
Buch = Kunst und Schreibmaterialienhandlung in St Gallen.

243 SANKT GALLEN   (Sankt Fiden)
Aquatinta 69 × 106 mm
St. Fide,/ village près de St. Gall.
Sperli, del.   Hürlimann, sc.   O. 5.
In: Der Wanderer in der Schweiz 5, 1839, vor S. 17.

244 SANKT GOTTHARD   (Hospiz)
Aquatinta 119 × 164 mm
Hospice du St. Gotthard.
Dessiné par Corrodi.   Gravé par J. Sperli.
2. Zustand (mit Verlagsadresse:)
à Zurich chez F. Sal. Fuessli successeur de Keller et Fussly.
In: Promenade par les Lieux les plus interessants de la Suisse
(Zurich, Keller & Füssli, um 1830–35.)

245 SANKT MORITZ GR
Aquatinta 77 × 107 mm
Village et le Lac de St. Maurice côté du Sud.
J. J. Meyer, Del.   J. Sperli, sc.
à Zurich chez J. J. Meyer peintre.
In: Souvenirs de Saint-Maurice et de ses Environs dans la haute
Engadine (Zurich, J. J. Meyer, vers 1835).

246 SANKT PETERSINSEL   (im Bielersee)
Aquatinta 112 × 169 mm
Jle de St. Pierre/ sur le lac de Bienne.
H. Baumann pinx.   J. Sperli sc.
à Neuchatel chez Jeanneret & Baumann.

247 SANKT PETERSINSEL (im Bielersee, Maison)
Aquatinta 55 × 81 mm
Maison sur l'Jle de St. Pierre.
J. Sperli sc.
à Neuchatel chez Baumann Peters & Cie.

248 SARGANS (Schloss)
Aquatinta 54 × 84 mm
St. Gall./ Chateau de Sargans.
J. Sperli sc.
à Neuchatel chez Baumann Peters.

249 DIE SCHÄFERIN
Aquatinta 79 × 113 mm
Die Schäferin   La bergère
Danzer del: Sperli scpt
Basel bey Maehly & Schabelitz   No. 11.
In: Der Wanderer in der Schweiz 2, 1836, nach S. 180.
(Kopie nach dem Stich von Paul Wolfgang Schwarz «Morgengebet einer Schafhirtin in den Berner Alpen», um 1788.)

250 SCHAFFHAUSEN (Goldener Falken, Vorstadt 40–42)   *Abb. S. 191*
Aquatinta 121 × 142 mm; bis zur breiten Randlinie 113 × 131 mm
J: J: Weber/ Gastgeber zum/ goldenen Falken/ in Schaffhausen in der Schweiz/ empfiehlt hiermit seinen/ nun u: aufs schönste einge-/ richteten Gasthof allen resp:/ Reisenden aufs höflichste.
J: J: Weber/ Propriétaire du/ Faucon d'or/ à Schaffhouse en Suisse/ recommande son hôtel,/ nouvellement établi et meublé/ au dernier goût, à tous les/ voyageurs.
J: J: Weber/ Proprietor of the/ Falcon d'or/ at Schaffhouse in Switzerland/ begs to recommend to travellers his/ new stabilised hotel, with/ rooms furnished in an elegant/ fashionable manner.
Oechsli del.   Sperli sculp.
(Eine Kutsche fährt vor dem Gasthof neben dem Bogentor auf. Auf der breiten Strasse mehrere Personen. Erker links.)

251 KLEINE SCHEIDEGG (folio)
Aquatinta 68 × 104 mm
Vue prise de la Scheideck vers le Glacier de Rosenlaui.
Sperli fec.   B. 50.
In: Der Wanderer in der Schweiz 5, 1839, vor S. 161.
(Der Rosenlauigletscher ist nicht erkennbar.)

252 GROSSE SCHEIDEGG (grossfolio)
Aquatinta ca. 100 × 140 mm
Passage du Grand Scheideg entre Grindelwald et Meyringen, Canton de Berne.
Spoerly del.
Publié par J.-P. Lamy.
(Auktion Kündig, Zürich 28./29. 10. 1932, Los 425.)

253* SCHEVENINGEN
Aquatinta 92 × 137 mm
Scheveningen
Déss: par W. Paetz.   J. Spéerli sc.
Verlag von K Baedeker in Koblenz./ Rotterdam bey A. Baedeker.

254 SCHMADRIBACHFALL
Aquatinta 138 × 98 mm
Vue du Schmaderibach.
R. Huber. del.   J. Sperli.sc.
à Thoune chez Frs. Schmid au Panorama.

255 SCHWEIZ (Relief der Innerschweiz, herausgegeben von
F. W. Delkeskamp, Frankfurt a. M. 1830, Blatt VIII)
Radierung mit Aquatinta 270 × 438 mm
Malerisches Relief des klassischen Bodens der Schweiz.
VIIIte. Section, enthaltend die Sihl, den Zürich=See und einen Theil dieses
Kantons, das Alp= und Biber=Thal im Kanton Schwyz, den Aegheri-See
und die Lorze im Kanton Zug.
radiert und in Aquatinta vollendet v. J. J. Sperli in Zürich
Mit Königlich Preussischen/ allergnädigsten Privilegium/ so wie
demjenigen huldreichst verliehenen/ der Freien Stadt Frankfurt a/m
(58 Indices oben, 94 unten. Vogelschau von Norden. 8. Blatt von 9.)

256 SCHWEIZ (Relief der Innerschweiz, herausgegeben von
F. W. Delkeskamp, Frankfurt a. M. 1830, Blatt IX)
Radierung mit Aquatinta 270 × 438 mm
Malerisches Relief des klassischen Bodens der Schweiz. IXte. Section,
enthaltend den Zuger=See, das Thal der Reuss, den Albis und Lindenberg,
die Nordwestliche Hälfte des Kantons Zug und Theile der Kantone Luzern
Aargau und Zürich
radiert von F. W. D. in Aquatinta vollendet von J. J. Sperli in Zürich
(Privileg gleich wie bei Blatt VIII, Nr. 255.
Mit 66 Indices oben und 125 sowie a–z unten.
Vogelschaurelief von Norden, d.h. in Südorientierung, 9. Blatt von 9.)
(Appenzeller 682 ff., 4 Blätter von Franz Hegi gestochen.)

257 SCHWYZ (von Südwesten, mit den Mythen)
Aquatinta 53 × 81 mm
Schwyz.
J. Sperli sc.
à Neuchatel chez Baumann Peters & Cie.
(Vorne links ein Bauer mit drei weidenden Kühen. Über die
Muota führt ein Steg.)

258 SCHWYZ (von Osten)
Aquatinta 67 × 102 mm
Schwytz/ prise vers l'ouest.
Schmid, del.   Sperli, sc.
Zuric, chez Trachsler.   E. 31.

259 SCHWYZ (von Westen)
Aquatinta 64 × 100 mm
Schwytz,/ prise vers l'est.
Schmid, del.   Sperli, sc.
Zuric, chez Trachsler   E. 30.

260* SCHWYZ (von Norden, folio) *Abb. S. 177*
Aquatinta 115 × 168 mm
Vue de Schwyz.
F. Schmid del.   J. Speerli sc.
2. Zustand (mit Verlagsadresse:)
à Neuchatel chez Jeanneret & Baumann.
3. Zustand (mit anderer Verlagsadresse:)
Zürich chez R. Dikenmann peintre.
(Die Kupferplatte im SLM, Inv. LM 34561.)

261 SCHWYZ (Avenue)
Aquatinta 52 × 83 mm
Avenue de Schwyz/ au pied du Mythen.
J. Sperli sc.
à Neuchatel chez Baumann Peters & Cie.
In: Souvenir de la Suisse (Neuchâtel, Baumann Peters, vers 1835).

262   SCHWYZ   (Sankt Agatha im Färisacher, nordöstlich von Schwyz)
      Aquatinta 64 × 101 mm
      Vue prise de Ste. Agathe, près de Schwytz, vers le Righi et le lac de Lowerz.
      Sperli, del.   Bebi, sc.
      Zuric, chez Trachsler.   E. 26.

263   SEELISBERG
      Aquatinta 69 × 105 mm
      Aussicht von Seelisberg gegen Schwytz./ Vue de Seelisberg vers Schwytz.
      Sp. del.   K. sc.   D. 15.
      In: Der Wanderer in der Schweiz 5, 1839, vor S. 105.
      (K. = Kern.)

      SEEWEN   siehe: Winkel (Stansstad)

264   SERRIÈRES   (pont)   *Abb. S. 207*
      Aquatinta 114 × 174 mm
      Pont de Serrieres/ près de Neuchatel.
      Hy. Baumann pinx.   J. Sperli sc.
      à Neuchatel chez Jeanneret & Baumann.
      (Blick auf den Ort durch den Bogen der neuen Steinbrücke.)

265   SIGMARINGEN
      Aquatinta 170 × 245 mm
      Sigmaringen/
      Residenz S. D. des Fürsten von Hohenzollern-Sigmaringen a. D.
      Louis Bleuler. del.   J. Sperli. Sc:
      Publié par Hy. Locher à Zurich.
      In: Malerische Reise der Donau, hrsg. von Joh. Heinrich Locher
      (Zürich, J. Hch. Locher, um 1840), Blatt 10.

266   SIGRISWIL
      Aquatinta 67 × 103 mm
      Sigriswyl,/ près du lac de Thoune, au Canton de Berne.
      Sperli, del.
      Basel, bey Mähly & Schabelitz   B. 35.

267   SION   (Sitten)   *Abb. S. 197*
      Aquatinta 115 × 170 mm
      Vue de Sion.
      H. Baumann del.   J. Sperli sc.
      2. Zustand (mit Verlagsadresse:)
      à Neuchatel chez Jeanneret & Baumann.
      3. Zustand (mit anderer Verlagsadresse:)
      Zurich chez R. Dikenmann peintre.
      (Die Kupferplatte im SLM, Inv. LM 34630.)

      SION   siehe auch: Berg Sion (Kloster)

268   SOLOTHURN   (petit)
      Aquatinta 67 × 101 mm
      Solothurn,/ Soleure, Capitale du canton de même nom.
      Sperli, del.
      Zuric, chez Trachsler   L. 1.
      2. Zustand (mit anderer Verlagsadresse:)
      Basel bey Maehly & Schabelitz   L. 1.
      In: Der Wanderer in der Schweiz 3, 1837, nach S. 94.

269   SOLOTHURN I   (von Westen, folio)
      Aquatinta 95 × 156 mm
      Solothurn.

F. Schmid del.   J. Sperli sculp.
(Vorne links an der Aare ein Angler, auf dem Fluss ein Boot mit fünf Insassen.)

270*   SOLOTHURN 2   (von Westen, folio)
Aquatinta 111 × 165 mm
Vue de Soleure.
Fr. Schmid del.   J. Speerli sculp.
à Neuchatel chez Jeanneret & Baumann.
2. Zustand (mit anderer Verlagsadresse:)
Zürich chez R. Dikenmann Peintre.
(Die Kupferplatte im SLM, Inv. LM 34571.)
(Links schreitender Mann mit Angel und Kind. Auf der Aare kein Boot.)

271   SOLOTHURN   (Denkmal für R. Glutz-Blotzheim in der Verenaschlucht)
Aquatinta 66 × 100 mm   (Siehe Aquarell 32.)
Denkmal Robert Glutz-Blozheim's./ bey Solothurn.
Sperli, del.   Hürlimann, sc.
Zurich, bey Trachsler.
(Auf dem Stein eine Platte mit folgendem Text in Versalien:)
Dem Andenken/ des/ Geschichtschreibers/ Robert Glutz=Bloz-heim/ geb. in Solothurn 1786/ gest. in München 1818/ Seine Freunde
(Gedenkstein am Ufer eines Baches.)

272*   SOLOTHURN   (Trachtenfrau und Mann)
Aquatinta 54 × 84 mm
Soleure.
J. Sperli fils sc.
à Neuchatel chez Bauman Peters.
(Links Trachtenfrau, die von einem Mann umworben wird. Hinten rechts die St. Verena-Einsiedelei in der Nähe von Solothurn.)

273   SPIEZ
Aquatinta 69 × 115 mm
Spietz/ vers le Niesen au lac de Thoun.
Sperli del.   Rordorf sc.   B. 37

274   STANS
Aquatinta 54 × 80 mm
Stanz.
J. Sperli sc.
à Neuchatel chez Baumann Peters & Cie.
In: Souvenir de la Suisse (Neuchâtel, Baumann Peters, vers 1835).

STANSSTAD   siehe: Winkel

275   STÄUBI   (im Schächental UR)
Aquatinta 154 × 72 mm
Die Stäubi im Schaechenthal./ Cascade au Schèchenthal, Canton d'Ury.
J. Sperli fec   No. 31.
In: Der Wanderer in der Schweiz 1, 1835, nach S. 122.

276   STAUBBACHFALL   (petit)
Aquatinta 70 × 104 mm
Der Staubbach im Lauterbrunnenthal./ Le Staubbach dans la vallée de Lauterbrounn./ Canton Bern
Sperli, del.   Hürlimann, sc.
Basel bey Maehly & Schabelitz   B. 39.
In: Der Wanderer in der Schweiz 1, 1835, nach S. 170.

277 STAUBBACHFALL (folio)
Aquatinta 100 × 142 mm
Vue du Staubbach.
R. Huber. del.   J.J. Sperli. sc.

278 STECKBORN (Turmhof)
Aquatinta 66 × 100 mm
De Stekborn, Canton de Thourgovie,/ vers le château de Geienhofen.
Sperli del. et sc.
(Blick nach Norden. Links der Turmhof. Zwischen den Gebäuden
im Vordergrund ist am jenseitigen Ufer des Untersees das Dorf
Gaienhofen zu erkennen.)
(Nr. Q. 117 bei Hermann Trachsler, Zürich.)
(Abgebildet in: Ernst Müller, Der Thurgau in alten Ansichten,
1992, Nr. 726.)

279* STOLZENFELS (Burg bei Koblenz D)
Aquatinta 91 × 136 mm
Stolzenfels.
Dessiné d'après nature par J.J. Siegmund.   J. Speerli sculp.

280 SUFERS
Aquatinta 78 × 118 mm
Vue de Suvers en venant d'Andeer.
J.J. Meyer, del.   J. Sperli, sc.   No. 17.
2. Zustand (mit Verlagsadresse:)
à Zurich chez J.J. Meyer peintre.
In: J. G. Ebel, Meyer's Bergstrassen durch Graubünden
(Zürich, J. Jakob Meyer, um 1835).

281 TELLSKAPELLE (petit)
Aquatinta 66 × 101 mm
Vue prise près la chapelle de G. Tell, Canton de Schwytz.
Sperli, del. et sc.
Zuric, chez Trachsler.   E. 28.

282 TELLSKAPELLE (folio)
Aquatinta 116 × 165 mm
Chapelle de G. Tell,/ sur le lac des quatre Cantons.
H. Baumann del.   J. Sperli sc.
à Neuchatel chez Jeanneret et Baumann.
In: Souvenir de la Suisse (Neuchâtel, Baumann Peters, vers 1835).

283 TEUFELSBRÜCKE (von Süden)
Aquatinta 169 × 115 mm
Die Teufelsbrücke.
Scheuchzer, del.   Sperli, sc.
In: Der Wanderer in der Schweiz 8, 1842, nach S. 324.

284 THALWIL (Jugendfest, 1837)
Lithographie 107 × 197 mm, vertikal gefaltet
Das Jugendfest der Zunft Thalweil 1837.
I. Iaques Sperli, del.   Lith.v. Fr. Schulthess.
(Oben 13 Namen von Gipfeln der Alpen und Voralpen.)
In: J. Jakob Sprüngli, Die Jugendfeste. Freundesgabe auf
das Jahr 1838 für die Jugend, ihre Eltern, Lehrer und Freunde.
(Zürich, Druck und Verlag von Fr. Schulthess, 1838).
Darin nach dem Zwischentitel S. 63/64.
(Rechts Festhütte vor einem Boskett; in der Bildmitte ein
beflaggter Maibaum mit Rednertribüne; links eine zweite Fest-
hütte, davor eine Kanone. Im Zwischengelände mannigfaltige

Jugendspiele und Belustigungen. Hinten links der Zürichsee und die Kirche Thalwil. Die Horizontlinie wird von Alpengipfeln gebildet.)

285 THUN (Environs de)
Aquatinta 136 × 191 mm
Environs de Thoune.
D. A. Schmied del   F. Sperli. sc.
Zurich chez Henry Fuessli & Cie.
(Blick von der Schlossterrasse auf den Ostteil von Thun.)

286 THUN (Hofstetten)
Aquatinta 68 × 105 mm
Hofstetten, au lac de Thoune, Canton de Berne.
Benz, del.   Sperli, sc.
Zuric chez Trachsler.

287 THUNERSEE
Aquatinta 99 × 141 mm
Vue d'une Partie du lac de Thoune
R. Huber del.   J. J. Sperli sc.

288 THUSIS
Aquatinta 70 × 95 mm
Thusis.
J. Sperli del.
(B. Weber, Graubünden in alten Ansichten, Chur 1984, S. 202, Nr. 158. P. 6, mit Fragezeichen versehen.)

289 TÖSS (Winterthur)
Aquatinta 67 × 101 mm
Töss,/ près Winterthour, Canton de Zuric.
Sperli, del. et sc.
Zuric, chez Trachsler.   A. 33.

290 TUTTLINGEN
Aquatinta 168 × 245 mm
Ansicht der Stadt Tuttlingen. Vue de la ville de Tuttlingen
H. Neukom del: J. Sperli. sculp:
Publié par Hy. Locher à Zurich.
2. Zustand (mit Namen des Druckers:)
Jmp: R. Foppert.
In: Malerische Reise der Donau, hrsg. von Joh. Heinrich Locher
(Zürich, J. Hch. Locher, um 1840), Blatt 2.

291 UNSPUNNEN 1 (petit)
Aquatinta 67 × 101 mm
Ruines du Château d'Unspunnen,/ au Canton de Berne.
Sperli. del.   B. 43.

292 UNSPUNNEN 2 (folio)
Aquatinta 99 × 138 mm
Vue du Château d'Unspunnen./ à l'entrée de la vallée de Lauterbrunnen.
R. Huber. del.   J. J. Sperli, sc
à Thoune chez Frs Schmid au Panorama.

293 UNTERSEEN
Aquatinta 68 × 102 mm
Unterse'en,/ au Canton de Berne, vers la Joungfrau.
Sperli, del.   Meichelt, sc.   B. 44.

294 UNTERSEEN (maison de paysan)
Aquatinta 66 × 102 mm
Maison de paysan près Unterseen,/ Canton de Berne.
Sperli, del et sc.
Zuric, chez Trachsler.   B. 54.

295 URNERLOCH 1 (Entrée) *Abb. S. 175*
Aquatinta 67 × 101 mm
Entrée de l'Urnerloch,/ Canton d'Uri.
Sperli fec.   D. 17.
(Exemplare auch ohne die Nummer D. 17.)
2. Zustand (mit Verlagsadresse:)
Zuric, chez Trachsler.

296 URNERLOCH 2 (Sortie, zweisprachig)
Aquatinta 70 × 105 mm
Ausgang aus dem Urnerloch./ Sortie de l'Urnerloch.
Sperli fec.
Basel bey Maehly & Schabelitz   No. 33.
In: Der Wanderer in der Schweiz 1, 1835, nach S. 130.

297 URNERLOCH 3 (Sortie, französisch) *Abb. S. 175*
Aquatinta 70 × 105 mm
Sortie de l'Urnerloch./ Canton d'Uri.
Sperli fec.
Zuric, chez Trachsler.   D. 18.
(Exemplare auch ohne die Nummer D. 18.)
(Gleiches Bild wie Nr. 296.)

298* UTRECHT
Aquatinta 91 × 135 mm
Utrecht.
Dèss: par W. Paetz.   J. Spéerli sc
Verlag von K. Baedecker in Koblenz./ Rotterdam bey A. Baedecker.

299 VAUMARCUS (Schloss NE)
Aquatinta 55 × 82 mm
Chateau de Vaumarcus.
J. Sperli sc.
à Neuchatel chez Baumann Peters & Cie.
In: Souvenir de la Suisse (Neuchâtel, Baumann Peters, vers 1835).

300 VERENAEINSIEDELEI (bei Solothurn)
Aquatinta 69 × 102 mm
St. Verena bey Solothurn./ Pélérinage de Ste. Verène près de Soleure.
Sperli. del.   J. Hürlimann sc.   L. 9
(Exemplare auch ohne Sculpsit und Nummer)

301 VEVEY
Aquatinta 110 × 166 mm
Vevey.
Steinli del.   J. Sperli sc.
(Vorne eine Mauer, durch die ein Weg führt. Auf diesem eine
Waadtländerin, von hinten gesehen. Vevey im Hintergrund.)

302 VEVEY (la Place)
Aquatinta 70 × 105 mm
La Place à Vevey.
Schmid, del.   Sperli, sc.
Zuric, chez Trachsler.   T. 20.
(Grosser Platz mit vielen Leiterwagen. Uferallee rechts.)

303* VUFFLENS (Schloss)
Aquatinta 89 × 119 mm
Château de Wüfflens.
Wegelin del.   Spéerli Fils sculp.
Publié par le Bazar Vaudois.

304 WALLENSTADT
Aquatinta 69 × 103 mm
Près Wallenstadt,/ vers le Sichelkam.
Sperli, del, et, sc.
Zuric, chez Trachsler.   Q. 17.

305* WALLIS (Kostümblatt)
Aquatinta 53 × 62 mm
Valais.
J. Sperli fils sc.
à Neuchatel chez Baumann Peters
(Im Hintergrund der Rhonegletscher.)
(A. Gattlen, Wallis, Nr. 835.)

306* WARTENSTEIN   (bei Ragaz, Panorama)
Aquatinta (nur eine Platte) 157 × 910 mm
Panorama von der Ruine Wartenstein bei Ragaz.
F. Schmid del: Sperli, fils, sculp.
(Panorama mit Gonzen, Falknis und Seewiserhorn.
Vorne der Rheinlauf. In der Mitte Maienfeld.)

307 WEGGIS
Aquatinta 70 × 105 mm
*Aussicht von Waeggis gegen den Pilatus./ Vue de Waegghis vers
le mont Pilate.*
J. Sperli fec.
Basel bey Maehly & Schabelitz   C. 9.
In: Der Wanderer in der Schweiz 1, 1835, nach S. 26.

308 WEINFELDEN   *Abb. S. 195*
Aquatinta 260 × 418 mm
Weinfelden
J. Jaques Sperlj sc.
(Abgebildet in: Ernst Müller, Der Thurgau in alten Ansichten,
1992, Nr. 805.)

309 WEISSENSTEIN (am Albulapass GR)
Aquatinta 77 × 112 mm
Weissenstein, auberge au pied du passage de l'Albula.
J. J. Meyer del.   J. Sperli sc.
à Zurich chez J. J. Meyer peintre.
In: Souvenir de Saint-Maurice et de ses Environs dans la haute
Engadine (Zurich, J. J. Meyer, vers 1835).
2. Zustand (mit anderer Verlagsadresse:)
Zurich chez Henri Fuessli & C:

310* WENGERNALP (Collation)
Aquatinta 53 × 83 mm
La Collation sur la Wengern-Alp.
Sperli fils sc.
à Neuchatel chez Baumann Peters.
In: Souvenir de la Suisse (Neuchâtel, Baumann Peters, vers 1835).

311 WENGERNALP (und Jungfrau)
Aquatinta 69 × 105 mm
Vue de la Wengern Alp et de la Jungfrau./ Ansicht der Wengern Alp und der Jungfrau.
Sperli del.
Basel bey Maehly & Schabelitz.   B. 47.
In: Der Wanderer in der Schweiz 1, 1835, nach S. 20.

312 WERENWAG (Schloss bei Hausen, Sigmaringen)
Aquatinta 169 × 244 mm
Schloss Werrenwaag im Donauthal.
J. Sperli. Sc:
Publié par Hy. Locher à Zurich.   No. 5.
In: Malerische Reise der Donau, hrsg. von Joh. Heinrich Locher (Zürich, J. Hch. Locher, um 1840), Blatt 5.

313 WIEN (von der Taborbrücke)
Aquatinta ca. 170 × 243 mm
Wien. Vienne.
Schmid. del.   Sperli. sc: No 25.
In: Malerische Reise der Donau, hrsg. von Joh. Heinrich Locher. (Zürich, J. Hch. Locher, um 1840), Blatt 25.

314* WIESBADEN
Aquatinta 91 × 136 mm
Wiesbaden.
Dessiné d'après nature par J. J. Siegmund.
J. Speerli sc.
Coblenz K. Baedecker.

315 WILDENSTEIN 1 (Burg bei Sigmaringen)
Aquatinta 168 × 245 mm
Ansicht des Schlosses Wildenstein./ Vue du Chateau de Wildenstein.
J. H. Neukom. del: J. Sperli. sclp:
R. Foppert. imp:
Publié par Hy. Locher à Zurich.   No. 4.
In: Malerische Reise der Donau, hrsg. von Joh. Heinrich Locher (Zürich, J. Hch. Locher, um 1840), Blatt 4.

316 WILDENSTEIN 2 (Burg bei Sigmaringen)
Aquatinta 63 × 92 mm
Schloss Wildenstein.
H. Neukom. del.   J. Sperli. Sc.
Publié par Hy. Locher à Zurich.   No. 4.
(Fälschlicherweise auch für das Schloss Wildenstein gegenüber von Wildegg AG gehalten.)

317 WINKEL (bei Stansstad)
Aquatinta 69 × 106 mm
A Sewen/ vers Stanz-Stad,/ Canton Lucerne.
Sperli fec.
(Appenzeller 272, gestochen von Franz Hegi.)

318 WOHLEN 1 (Übungslager 1820)   *Abb. S. 213*
Aquatinta 269 × 420 mm
Eidsgenössisches Uebungs=Lager/ bey Wohlen im August 1820/ Von der Morgen=Seiten.
J. J. Sperli fecit.   Heinrich Hässli sculp.
(Das militärische Zeltlager von einem Feldherrenhügel aus gesehen. Im Vordergrund Offiziere zu Pferd und zu Fuss, ein Baum rechts.)

(Das Blatt wurde von J. Sperli zur Subskription angezeigt in:
Der aufrichtige und wohlerfahrene Schweizer-Bote, Jg. 17, Nr. 40,
Aarau 5. Oktober 1820. Es entstand in seiner Militärdienstzeit
und im Auftrag mehrerer Offiziere.)

319 WOHLEN 2 (Übungslager 1820) *Abb. S. 215*
Aquatinta 269 × 423 mm
Eidsgenössisches Uebungs=Lager/ bey Wohlen im August 1820./
Von der Abend=Seiten.
J. J. Sperli fecit.   Heinrich Hässli sculp.
(Soldaten unter einem grossen Laubbaum in Bildmitte,
hinten links das Zeltlager, rechts Parade.)
(Siehe die Anmerkung zu Nr. 318.)

320 ZÜRCHERISCHES CANTONAL-MILITÄR 1827 *Abb. S. 159*
(Kantonale Ordonnanz 1818)
Aquatinta, stets koloriert 316 × 453 mm
Zürcherisches Cantonal=Militair
Gezeichnet und geätzt von I. I. Sperli.
(Die verschiedenen Uniformenträger sind im Bild mit den Zahlen
1–43 bezeichnet. Sie stehen auf dem Paradeplatz von Zürich.
Das 1836–38 errichtete Hotel Baur steht noch nicht.
Auf handschriftlichem Beiblatt von ca. 1900, Exemplar in der
Grafischen Sammlung der ETH (572 B), sind die 43 Nummern
aufgeschlüsselt: *Eidg. Generalstab:* 1. Eidg. Oberst, 2. Eidg. Major,
3. Eidg. Oberst-Quartiermeister, 4. Eidg. Artilleriestab, 5. Eidg.
Commissariatsstab.   *Cantonstruppen:* 6. Pioniers Offizier & Soldat,
7. Artillerie Offizier & Soldat, 8. Positions-Artillerist, 9. Feuer-
werker, 10. Pontonirs Offizier & Soldat, 11.Train Offizier & Soldat,
12. Cavallerie Offizier & Soldat, 13. Scharfschützen Offizier &
Soldat.   *Cantonstruppen, Infanterie.:* 14. Oberstlieutenant, 15. Major,
16. Aide-Major, 17. Quartiermeister, 18. Feldprediger, 19. Ober-Arzt,
20. Adjutant-Unteroffizier, 21. Tambour-Major, 22. Stabsfurier,
23. Wagenmeister, 24. Büchsenschmied, 25. Schneider od. Schuster-
mstr., 26. Grenadier-Hauptmann, 27. Füsilier-Oberlieutenant,
28. Füsilier Unterlieutenant, 29. Füsilier Feldweibel, 30. Füsilier
Furier, 31. Füsilier Wachtmeister, 32. Füsilier Corporal, 33. Füsilier Frater, 34. Füsilier Zimmermann, 35. Füsilier Musikanten,
36. Füsilier Trompeter, 37. Füsilier Tambour, 38. Füsilier Pfeiffer,
39. Füsilier Grenadier, 40. Jäger Offizier & Soldat, 41. Füsilier,
42. Schiffleute, 43. Provos.)
(Das Blatt wurde von J. Sperli zur Subskription angezeigt in:
Zürcherisches Wochen-Blatt, Nro. 40, 17. Mai 1827. Es erschien
wohl im September 1827.)

321 ZÜRCHERISCHES CANTONAL-MILITÄR 1840 *Abb. S. 161*
(Kantonale Ordonnanz 1837)
Aquatinta, stets koloriert 318 × 452 mm
Zürcherisches Cantonal=Militair.
gezeichnet und herausgegeben von J: J: Sperli, Vater und Sohn.
(Die verschiedenen Uniformenträger sind im Bild mit den Zahlen
1–37, auch bis 39 bezeichnet. Sie stehen auf dem Paradeplatz von
Zürich.
In Bildmitte die neue Post, erbaut 1835–38, links davon das 1838
im Rohbau fertig erstellte Hotel Baur mit der Inschrift in Gold-
buchstaben HOTEL BAUR., beim Postgebäude grosser Baum.)
(In Zürcher Privatbesitz ein bes. schön koloriertes Exemplar mit
handschriftlicher Signatur 'J. J. Sperli. Fecit. 1840.' 39 numerierte
Uniformenträger, mit den Randlinien 326 × 460 mm.)

322   Zürich   (von Norden)
Aquatinta 234 × 353 mm
La Ville de Zurich du Côté du Nord.
Dessiné d'après nature par J.U. Burri.   Gravé par J.J. Sperli
Se vend chez J.U: Burri Paysagiste à Zurich. N 646.
(Blick auf Zürich aus der Gegend des Beckenhofs. Vorne links
Kühe und eine Teuchelleitung, die Wasser in einen gestauten Bach
leitet.)

323   Zürich   (von Süden)
Aquatinta 68 × 101 mm
Zurich./ Zuric du côté du Sud.
Sperli, del et sc.
Zuric chez Trachsler.   I.   A. 1.
(Blick auf Zürich von der Enge.)

324   Zürich   (vom Burghölzli aus)
Aquatinta 67 × 98 mm
Vue prise du Burghölzli, près de Zuric.
Sperli, sc.
Zuric, chez Trachsler.   A. 51.

325   Zürich   (vom Seefeld aus)
Aquatinta 55 × 83 mm
Zurich.
J.J. Sperli sc.
(Im Vordergrund rechts sitzt ein Liebespaar und prostet sich zu.)

326*   Zürich   (Gessnerdenkmal)
Aquatinta 55 × 85 mm
Zurich./ Monument de Gessner
J. Spereli sc.
à Neuchatel chez Bauman Peters.
In: Souvenir de la Suisse (Neuchâtel, Baumann Peters, vers 1835).

327   Zürich   (Hauptwache und Rathausbrücke) 1828   *Abb. S. 138*
Aquatinta 249 × 370 mm
Ansicht der Hauptwache, Rathhaus, der untern Brüke/ und dem ersten Gasthof in Zürich.
Speissegger. del.   J.J. Sperli. sc.
(Das Blatt wurde angezeigt in: Zürcherisches Wochen-Blatt,
Nro. 20, 10. März 1828; ebenda Nro. 84, 20. Oktober 1828.)

328   Zürich   (Haus «Zum untern Berg» = Hirschengraben 42)
Aquatinta 54 × 72 mm   (Siehe Aquarell Nr. 22)
Zum untern Berg.
Sperli fec.   No 663.

329   Zürich   (vom Katzenbollwerk aus, mit Seeblick)
Aquatinta 68 × 100 mm
Vue du lac de Zuric,/ prise sur le rempart nommé le chat.
Sperli, del. et sc.
Zuric, chez Trachsler.   A. 8.

330   Zürich   (vom Lindenhof aus)   *Abb. S. 141*
Aquatinta 117 × 167 mm
Vue d'une partie de Zurich.
J. Sperli sculp.
à Neuchatel chez Jeanneret & Baumann.
(Blick vom Lindenhof auf das Grossmünster.)

331 ZÜRICH 1 (Gasthof zum Raben) zwischen 1820–28 *Abb. S. 143*
Aquatinta 226 × 277 mm; ohne die 2 Randlinien 218 × 270 mm;
die Platte 295 × 402 mm
(Oben:) *Der Gasthof zum Raaben in Zürich.*
(Unten:) *J. Wirz proprietor of the Hôtel at the Raven in Zurich (Switzerland) begs leave to recommend this establishment to/ the respective travellers. They will, he trusts, be satisfied with its favorable exposition (allowing the beautiful prospect/ of the lake) and with the cleaness of the appartments and the furniture. Meanwhile he hopes to gain their favor/ by the moderate rate of his prices and his attention and diligence in their service.*
J. J. Sperli, fecit.
(Pendant zu Nr. 332.)
(Eine unfertige, teilweise kolorierte Federzeichnung mit derselben Darstellung in der Graphischen Sammlung der Zentralbibliothek Zürich, wohl eher eine Nach- als eine Vorzeichnung.)

332 ZÜRICH 2 (Aussicht vom Gasthof zum Raben) *Abb. S. 145*
zwischen 1820–28
Aquatinta 223 × 276 mm; ohne die 2 Randlinien 219 × 270 mm;
die Platte 299 × 403 mm
(Oben:) *Aussicht von den Zimmern dess Gasthofs zum Raaben in Zürich.*
(Unten:) *J: Wirz, proprietaire de l'Hôtel du Corbeau à Zurich (en Suisse) prend la liberté de recommander son établissement à M:/ M: les voyageurs. Persuadé qu'ils seront satisfaits de la belle situation de sa maison (sur les bords du lac) de la propreté des logements/ et du mobilier; il espère en même temps de gagner leurs suffrages par la modicité de ses prix et son empressement à les servir.//*
J: Wirz, Gastgeber zum Raaben in Zürich empfiehlt seinen schön gelegenen & aufs beste eingerichteten Gasthof. Die respectiven/ Reisenden werden bey ihm reinliche Zimmer, schnelle und billige Bedienung & jede Bequemlichkeit finden.//
J. J. Sperli fecit.
(Pendant zu Nr. 331.)
(Blick vom Hechtplatz aus auf Limmat und See. Die Uferpartie ist nicht sichtbar, nur die Wasserfläche mit mehreren Booten sowie das linke Seeufer.)

333 ZÜRICH (Café Salomons-Keller) 1842 *Abb. S. 149*
Aquatinta 144 × 207 mm
Salomons-Keller/ neuerrichtetes Caffe auf dem untern Hirschengraben in Zürich.
Der Besitzer empfiehlt sich allen Fremden & Einheimischen auf's beste/ S. Reutlinger.
Burri, del. Sperli, sc.
(Ansicht des 1842 von Salomon Reutlinger eröffneten Cafés am heutigen Hirschengraben 20. Der Stecher U. Burri war Mieter von S. Reutlinger im Hinterhaus. Das Unternehmen ging schon 1843 in Konkurs.)

334 ZÜRICH (Hotel zum Schwert) 1828
Aquatinta 140 × 198 mm
Vue prise de l'hotel de l'Epeé à Zurich
Braem. del: Sperli. sc:
Zurich chez Hy. Fuessli & Ce
(Blick limmataufwärts zum See. Auf der Limmat fährt ein Kahn flussabwärts, ein anderer hat beim Hotel angelegt.)
(Das Blatt wurde angezeigt in: Zürcherisches Wochen-Blatt, Nro. 84, 20. Oktober 1828.)

335   ZÜRICH   (Sihlstrasse)
      Aquatinta 64 × 96 mm
      Zurich.
      Sperli del.   Briner sc.
      publié par Herrmann Trachsler à Zurich.
      (Vorne rechts drei spazierende Damen, dahinter weitere Passanten.
      Im Hintergrund ein Brunnen und der Zürichberg.)

336   ZÜRICH   (Waisenhaus)
      Aquatinta 67 × 101 mm
      Das Waisenhaus./ in Zürich. // La Maison des Orphelins./ à Zuric.
      Sperli fec.
      Zuric chez Trachsler.
      2. Zustand (mit anderer Verlagsadresse:)
      Basel, bey Maehly & Schabelitz   XII.   A. 46.
      In: Der Wanderer in der Schweiz 4, 1838, vor S. 193.
      (Kopiert nach der grösseren Aquatinta von J. Aschmann.)

337   ZÜRICH   (Hottingen, Kreuzkirche)   Abb. S. 147
      Aquatinta 232 × 344 mm
      Die ehemahlige Kirche zum Kreuz.
      J. Jacques Sperli fecit et sc.
      (Aufnahme kurz vor dem Abbruch 1839.)

338   ZÜRICH   (Hottingen, Kreuzkirche)
      Stahlstich, radiert 123 × 175 mm
      Die ehemalige Kirche zum Kreuz
      Sperli del.   C. Huber sc.
      Druck v. D. Herter.
      (Spätere, verkleinerte Kopie des Bildes Nr. 337.)

339* ZÜRICH   (Eidgenössisches Schützenfest 1834)   Abb. S. 217
      Aquatinta, stets koloriert 298 × 443 mm
      *Eidgenössisches Ehr und Freyschiessen/ abgehalten bey Zürich,
      den 13. 14. 15. 16. 17. 18. 19 Juli 1834.*
      Nach der Natur gezeichnet u. zu haben bey J. J. Sperli, Vater.
      Jn Kupfer geätzt von J. J. Sperli, Sohn.
      (Blick vom Innern der Festhütte auf den Festplatz mit der Fahnen-
      burg und den zwei Cafés, dem Café zur Treu links und dem Café
      zur Eintracht rechts.
      Die elf Buchstaben im Bild, A–L, werden unten aufgeschlüsselt.)

340* ZÜRICH   (Totenfeier für H. G. Nägeli) 1837
      Aquatinta 192 × 167 mm
      *Todtenfeyer des verewigten Herrn Hans Georg Nägeli von Zürich,/ Doctor der
      Philosophie und der Tonkunst, Mitglied des grossen Rathes und des Erziehungs-
      rathes,/ abgehalten in der Fraumünsterkirche in Zürich den 1 Juni. 1837.*
      J. Jaques Sperli Père, fecit.   J. Jaques Sperli Fils, sculp.
      (Im Inneren des Fraumünsters singt ein grosser Gemischter Chor
      – die Frauen vorne, das Orchester und die Männer hinten –
      auf einem über dem Lettner aufgerichteten aufsteigenden Podium.
      In der mittleren Öffnung des Lettners eine Büste von Nägeli.
      Das Schiff vorne ist voll besetzt mit Zuhörern.)

341   ZÜRICHBERG   (Klösterli)   Abb. S. 151
      Aquatinta 68 × 103 mm
      Das Klösterli auf dem Zürichberg.
      Sperli, fec.
      Zürich, bey Trachsler.   A. 45.
      (Das ehemals regulierte Augustiner-Chorherrenstift St. Martin
      auf dem Zürichberg.)

342 ZUG 1 (von Norden, petit)
Aquatinta 55 × 85 mm
Zoug
J. J. Sperli sc.
à Neuchatel chez Baumann Peters & Cie.
(Vorne ein Trachtenpaar, hinten die Stadt Zug.)
(Kopiert nach Joh. Bapt. Isenring.)

343 ZUG 2 (von Norden, folio)
Aquatinta 111 × 168 mm
Vue de Zoug.
Fr. Schmid del.   J. Sperli sc.
à Neuchatel chez Jeanneret & Baumann.
2. Zustand, nur mit folgendem Text (die Namen von Schmid und Sperli gelöscht): *Vue de Zoug./ vers le Rigi*
Zürich chez R. Dikenmann Peintre.
(Blick vom Guggi auf die Stadt. Vorne links ein Knabe mit fünf Ziegen.)
(Abgebildet in: Rolf E. Keller, Zug-Stadt 1991, S. 69.)

344* HOF MIT TOR UND BRUNNEN
Aquatinta ohne Randlinie. Platte 214 × 270 mm
F. W. Moritz del.   J. Sperli fils sc.
(Eine Hofstatt mit grossem Tor und Brunnen. Nicht zu lokalisieren.)

In der Grafischen Sammlung der ETH Zürich (1524 M) sind folgende Aquatinten in petit den Stechern Sperli (Vater oder Sohn) zugeschrieben, obwohl die Blätter selbst keine Signaturen tragen. Es handelt sich ausschliesslich um Veduten aus dem Verlag von «Heinrich Fuessly & Cie.» in Zürich).

- *Baden/ Ct. d'Argovie.*
  Q. 3. Zurich chez Hy. Fuessli & Cie. (71 × 107 mm.)
- *Basel.*   (von St. Alban aus)
  L. 1. Zürich bei Heinr: Fuessli & Cie. (63 × 96 mm.)
- *Como.*
  X. 3. Zürich chez Henry Fuessli & Cie./ (69 × 95 mm.)
- *Genève.*
  W. 1. Zurich chez Henry Fuessli & Cie. (65 × 95 mm.)
- *Von der W. Tell's Capelle/ bei Küssnacht.*
  E. 3. Zürich bei Heinr. Fuessli & Cie. (62 × 95 mm.)
- *Rapperschweil.*
  O. 1. Zurich chez Henry Fuessli & Co. (65 × 97 mm.)
- *Rigi Staffel.*
  E. 2. Zürich chez Henry Fuessli & Cie. (64 × 95 mm.)
  Zwei verschiedene Zustände (bauliche Veränderungen).
- *Rosenlaui Bad.*
  B. 14. Zürich bei Heinr. Fuessli & Cie. (62 × 95 mm.)
- *Pianazza Fall./ Splügen.*
  P. 12. Zürich bei Heinr. Fuessli & Cie. (94 × 71 mm.)
- *Schloss Reichenau./ Vereinigung des Vorder- und Hinter-Rheins.*
  P. 10. Zürich bei Heinr. Füssli & Cie. (66 × 96 mm.)
- *Thusis.*
  P. 6. Zürich bei Heinr. Fuessli & Cie. (64 × 95 mm.)
- *Der Botanische Garten in Zürich.*
  A. 10. Zürich bei Heinr. Fuessly & Cie. (64 × 90 mm.)
- *Das Kantonal Krankenhaus/ in Zürich.*
  A. 31. Zürich bei Heinr. Fuessli & Cie. (62 × 96 mm.)
- *Vue de l'Eglise de St. Pierre/ à Zurich.*
  A. 5. Zurich chez Henry Fuessli & Ce. (55 × 77 mm.)
- *Vue du Thalacker/ prise depuis la porte de la Sihl à Zurich.*
  Zurich chez Henry Fuessli & Ce. (55 × 76 mm.)

Anhang

Verzeichnis der Künstler

Die Autoren der Vorlagen («delineavit») und die Stecher («sculpsit»)

Aschmann, Johann Jakob (Landschaftszeichner und Stecher, Thalwil 1747–1809) 336

von Babo, Lambert (Radierer, Mannheim 1790–Weinheim 1862) 170

Bamberger, Fritz (Landschaftsmaler, Würzburg 1814–Neuenhain bei Bad Soden am Taunus 1873) 29

Baumann, Jean-Henri (Landschaftsmaler, Zürich-Wollishofen 1801–Neuchâtel 1858) 41, 54, 69, 70, 75, 85, 87, 142, 145, 148, 178, 179, 185, 213, 238, 246, 264, 267, 282

Bebi, Heinrich (Maler und Stecher, Kempten ZH 1803–nach 1842) 7, 262

Benz, Achilles (Maler und Stecher, Dietikon 1766–Basel 1852) 34, 36, 160, 201, 217, 286

Bleuler, Johann Ludwig (Landschaftszeichner und -maler, Schloss Laufen ZH 1792–1850) 265

Bonjour, Jean-Baptiste (Maler, Le Landeron 1801–1882) 144

Bosshardt, Jakob (Aquarellmaler, Turbenthal 1790–1852) 58, 59

Bräm, Heinrich (Architekturmaler, Steinmaur 1792–nach 1838) 207, 334

Brenner, Adam (Genre- und Historienmaler, Wien 1800–1891)? 111

Brodtmann, Joseph (Lithograph, Überlingen 1787–Basel 1862) 230

Bryner (unbekannt, vielleicht Heinrich Briner, geb. 1816) 335

Burri, Johann Ulrich (Landschaftsmaler, Weisslingen 1802–nach 1842) 45, 46, 166, 322, 333

Bury, W. (unbekannt) 212

Carrard, Jules-Samuel-Henri-Louis (Maler, 1785–Orbe 1844) 154

Cor(r)adi, Conrad (Landschaftsmaler, Oberneunforn TG 1813–Uhwiesen 1878) 216

Corrodi, Salomon (Landschaftsmaler, Fehraltorf 1810–Como 1892) 5, 38, 244

Danzer, A. (Zeichner und Lithograph, tätig in Mülhausen i. E. um 1835–1850) 2, 16, 94, 175, 176, 249

Delkeskamp, Friedrich Wilhelm (Zeichner und Stecher, Bielefeld 1794–Bockenheim bei Frankfurt a. M. 1872) 255, 256

Dikenmann, Johann Rudolf (Aquarellmaler und Kunstverleger, Uesslingen TG 1792–Zürich 1883) 70, 202, 241, 260, 267, 270

Grisel, Georges (Maler, Ins 1811–Neuchâtel 1877) 183

Häsli, Hans Jakob (Stecher, Hegi ZH um 1801–nach 1850) 131, 318, 319

Hegi, Franz (Zeichner und Stecher, Lausanne 1774–Zürich 1850) 82, 101, 109, 111, 162, 172, 218, 225, (255, 256), 265, 290, 315, 317

Hössel, Johann Baptist (deutscher Aquatintastecher, tätig von ca. 1799 und bis nach 1824) 102

Honnerlag, Johannes (Zeichner, Zeichenlehrer in Horgen, Trogen 1794 – Speicher 1832) 123

Huber, Kaspar Ulrich (Stahlstecher, Nürensdorf ZH 1825 – Zürich 1882) 338

Huber, Rudolf (Zeichner und Maler, Basel 1770–1844) 40, 127, 130, 254, 277, 287, 292

Hürlimann, Johann (Stecher, Uster 1793 – Paris 1850) 80, 81, 243, 271, 276, 300

Isenring, Johann Baptist (Landschaftszeichner und Stecher, Lütisburg 1796 – St. Gallen 1860) 342

Kappeler, Joseph Damien (Maler, Baden 1792–1871, tätig in Fribourg) 88, 89

Kern, Hans Ulrich (Maler, Berlingen TG 1787 – Zürich 1818) 84, 211, 214, 227, 263

Lory, Mathias Gabriel fils (Bern 1784–1846) 199

Martens, Frédéric (Vedutenzeichner und Stecher, Paris um 1809–1875) ? 132

Maehly, Johann Friedrich (Maler und Kunsthändler, Basel 1805–1848) 155

Meichelt, Christian (Stecher, Nürnberg 1776 – nach 1840) 167

Meichelt, Heinrich (Landschaftsmaler, Lörrach um 1805 – um 1880) 167, 195, 196, 293

Meyer (Meier), Johann Jakob (Landschaftsmaler, Meilen 1787 – Zürich 1858) 37, 53, 64, 72, 203, 239, 245, 280, 309

Meyer-Attenhofer, Jakob auch: Mayer-Attenhofer (Zeichner, Leuggern 1806 – Baden 1885) 19, 22, 23, 24, 25, 26

Meyer, Rudolf (Aquarellmaler, Regensdorf 1803 – Zürich 1857) ? 237

Moritz, Friedrich-Wilhelm (Aquarellmaler, Kanton St. Gallen 1783 – Neuchâtel 1855) 143, 157, 180, 181, 182, 344

Müller, G. (deutscher Landschaftszeichner, unbekannt) 56, 128, 171, 210, 233

Neukomm, Johann Heinrich (Gouachemaler, Rafz 1796 – Schaffhausen 1865) 52, 218, 290, 315, 316

Obach, Caspar (Landschaftsmaler, Zürich 1807 – Stuttgart 1868) 31, 32, 33, 76, 100

Oechslin, Johann Jakob (Maler und Bildhauer, Schaffhausen 1802–1873) 90, 250

Paetz, Wilhelm (Landschaftsmaler, Braunschweig 1800 – Bückeburg 1856) 10, 11, 57, 73, 107, 113, 120, 159, 161, 189, 232, 253, 298

Prestel, Johann Erdmann Gottlieb (Landschaftsmaler, Frankfurt a. M. 1804 – Mainz 1885) 115, 118, 119

Rösel, Johann Gottlob Samuel (Landschaftsmaler, Breslau 1768 – Potsdam 1843) 202

Rordorf, Conrad Caspar (Maler und Stecher, Zürich 1800 – in Amerika 1847 gefallen) 273

SCHEUCHZER, WILHELM RUDOLF (Landschaftsmaler, Hausen a. A. 1803 – München 1866) 6, 9, 28, 39, 83, 122, 140, 283

SCHMID (wohl meist DAVID ALOIS, aber auch FRANZ) 61, 91, 92, 98, 99, 149, 242, 258, 259, 302, 313

SCHMID, DAVID ALOYS (Landschaftsmaler, Aquarellist, Schwyz 1791–1861) 93, 103, 110, 205, 206, 285

SCHMID, FRANZ (Aquarellmaler und Stecher, Schwyz 1796–1851) 43, 44, 47, 48, 97, 158, 164, 165, 260, 269, 270, 306, 343

SCHMID, M. (Landschaftsmaler, wohl von St. Gallen, unbekannt) 241

SCHMIDT (Landschaftsmaler, Genfersee, unbekannt) 190, 191, 200

SCHWARZ, PAUL WOLFGANG (Kupferstecher, Nürnberg 1766 – um 1815) 249

SIEGMUND, JOHANN JAKOB (Landschaftsmaler, Basel 1807–1881) 77, 79, 279, 314

SPEISSEGGER, GEORG HEINRICH (Maler, Schaffhausen 1774–1846) 327

SPERLI, JOHANN JAKOB père (Aquarellist und Stecher, Kilchberg 1794 – Zürich 1843) passim

SPERLI, JOHANN JAKOB fils (Maler, Modelstecher und Stecher, Zürich 1815 – Winterthur 1866) alle Stiche mit *

STEINLI = STEINLEN, CHRISTIAN GOTTLIEB (genannt THÉOPHILE) (Stuttgart 1779 – Vevey 1847) 301

STUDER, THEOPHIL (Architekturzeichner, wohl aus Bern, unbekannt) 44

STUHL, C. (Zeichner, in Baden-Baden, unbekannt) 30

WEGELIN, DANIEL (Maler und Zeichner, St. Gallen 1802 – Thun 1885) 66, 150, 151, 152, 153, 204, 303

QUELLEN

Handschriftliche Quellen
- Stadtarchiv Zürich:
 Abt. VI. C. No. 44,1 (S. 141, 230) Aussersihl, Familienbuch der Niedergelassenen
 Abt. VI. C. No. 44,2 (S. 105–106) Aussersihl, Familienbuch der Niedergelassenen
 Abt. VI. C. No. 45,1 (fol. 11, 121) Aussersihl, Niederlassungskontrolle
 Abt. VI. C. No. 46 (S. 187) Hottingen, Ansässen und Aufenthalter
 Abt. VIII. E. No. 26 (Sprüngli V), E. No. 27 (Sprüngli IV) Hottingen
- Staatsarchiv Zürich:
 Kilchberg E III 62,4 Pfarrbuch (S. 89, 438)
 Kilchberg E III 62,5 Pfarrbuch (S. 54, 99, 223)
 Kilchberg E III 62,6 Pfarrbuch (S. 430)
 Kilchberg E III 62,8 Pfarrbuch (Todesfälle 1866 Nr. 66)
 Kilchberg E III 62,17 (S. 429 f., 455, 467 f., 480) Familienregister O–Z
- Staatsarchiv Basel-Stadt:
 St. Theodor. Heiraten 1874, Begräbnisse 1887

Gedruckte Quellen
- Zentralbibliothek Zürich (Zeitschriften):
 Der aufrichtige und wohlerfahrene Schweizer-Bote, Jg. 17, Nr. 40, Aarau 5.10.1820
 Zürcherisches Wochen-Blatt, 17.5.1827 (Nr. 40), 10.3.1828 (Nr. 20), 20.10.1828 (Nr. 84), 15.11.1838 (Nr. 92)
- Kunsthaus Zürich Bibliothek:
 a. 3. Z 80 Verzeichnisse der Kunstwerke, die auf Veranstaltung der Künstler-Gesellschaft in Zürich öffentlich ausgestellt wurden (1811–1835)
- Staatsarchiv Basel-Stadt:
 Basler Adressbücher 1877, 1887–1901

ABBILDUNGSNACHWEIS
(nach Katalognummern)

Aquarelle und Handzeichnungen
Landesarchiv Appenzell-Innerrhoden, Appenzell   33
Hessisches Landesmuseum Darmstadt   1–20
Ortsgeschichtliche Sammlung Kilchberg   31
Kunstmuseum Olten   29, 30, 32
Musée du Vieux Vevey   46
Fa. August Laube, Zürich   23, 44
Schweizerische Bankgesellschaft Zürich   34
Schweizerisches Landesmuseum Zürich (Privatbesitz)   21, 22, 25–28
Fa. Siemens Albis AG, Zürich   24

Stiche (Aquatinten)
Staatsarchiv des Kantons Aargau, Aarau   318, 319
Dr. René Felber, Kilchberg   36, 267
Grafische Sammlung der ETH Zürich   46, 157, 185, 330, 332, 337
Schweizerisches Landesmuseum Zürich   3, 22, 23, 42, 78, 85, 91, 98, 109, 125, 142, 169, 174, 175, 189, 196, 199, 207, 215, 260, 295, 296, 308, 320, 321, 339, 341, 342
Zentralbibliothek Zürich, Graphische Sammlung   123, 250, 327, 331, 333

LITERATUR

(In den Verzeichnissen der Aquarelle und Stiche zum Teil mit abgekürzt zitierten Literaturangaben)

APPENZELLER, HEINRICH: Der Kupferstecher Franz Hegi von Zürich 1774–1850, sein Leben und seine Werke. Beschreibendes Verzeichnis seiner sämtlichen Kupferstiche. Zürich 1906.

BAMBERGER, F.: Album de la Bergstrasse. Frankfurt a. M., o. J. (vers 1835).

BINDER, GOTTLIEB: Geschichte der Gemeinde Kilchberg, 2. umgearbeitete Auflage, Kilchberg 1948, S. 61 f.

BOURQUIN, MARCUS: Die Schweiz in alten Ansichten und Schilderungen. Kreuzlingen/Konstanz 1968.

BOY DE LA TOUR, M(AURICE): La gravure neuchâteloise. Neuchâtel 1928.

EBEL, JOHANN GOTTFRIED: Meyer's Bergstrassen durch Graubünden, Zürich (J. Jakob Meyer) o. J. (1835).

GATTLEN, ANTON: Druckgrafische Ortsansichten des Wallis 1548–1850. Martigny und Brig 1987.

Historisch-biographisches Lexikon der Schweiz. Deutsche Ausgabe, 7 Bände und Supplement. Neuenburg 1921–1934. (Abgekürzt: HBLS.)

JENNY-KAPPERS, HANS: Der Kanton Glarus. Ein beschreibender Katalog der gedruckten Landkarten und Pläne, Ortsansichten und Landschaftsbilder von den Anfängen bis 1880. Frauenfeld 1939.

KELLER, ROLF E.: Zug auf druckgraphischen Ansichten. (Vgl. Meyer, W. J.), Zug 1991. Band 1: Zug-Stadt.

(KLEIN, JOHANN AUGUST:) Rheinreise von Strassburg bis Rotterdam. 2. Auflage, Koblenz (K. Baedeker) 1835.

Die Kunstdenkmäler der Schweiz. (Nach Kantonen geordnet, bis heute 85 Bände, Basel 1927–1992 ff. Abgekürzt: Kdm mit Kantonszeichen und Bandzahl des betr. Kantons.)

LEEMANN-VAN ELCK, PAUL: Druck Verlag und Buchhandel im Kanton Zürich von den Anfängen bis um 1850, in: Mitteilungen der Antiquarischen Gesellschaft in Zürich, Bd. 36, Heft 1, Zürich 1950, S. 131, 148, 150.

LOCHER, JOHANN HEINRICH (Herausgeber): Malerische Reise der Donau vom Ursprung bis zu ihrem Verschwinden. Zürich (J. Hch. Locher) o. J. (um 1840).

LONCHAMP, FRÉDÉRIC-CHARLES: L'estampe et le livre à gravures, Guide de l'amateur. Lausanne 1920.

LONCHAMP, FRÉDÉRIC-CHARLES: Manuel du Bibliophile Suisse. Paris et Lausanne 1922.

LONCHAMP, FRÉDÉRIC-CHARLES: Bibliographie générale des ouvrages publiés ou illustrés en Suisse et à l'étranger de 1475–1914. Paris et Lausanne 1923.

Malerische Reise der Donau. Siehe: LOCHER, JOHANN HEINRICH.

MEYER (MEIER), JOHANN JAKOB: Souvenir de Saint-Maurice et de ses Environs dans la haute Engadine, Canton des Grisons. Zurich (J. J. Meyer) o. J. (vers 1835).

Meyer, Wilhelm Josef: Zug, Ansichten auf Holzschnitten, Stichen und Lithographien von 1548 bis um 1870. Band 1: Zug-Stadt, Zug 1970. Band 2: Zug-Land, Zug 1971.

Müller, Ernst: Der Thurgau in alten Ansichten. Frauenfeld 1992.

Pestalozzi, F(riedrich) O(tto): Zürich, Bilder aus fünf Jahrhunderten (1450–1850). Zürich 1925.

Promenade par les Lieux les plus interessants de la Suisse. Zurich (Keller & Füssli) o. J. (vers 1835/40).

Rusch, Gerold: Appenzell I. Rh. Ansichten des 16.–19. Jahrhunderts, beschreibende Dokumentation der Veduten, Landkarten, Uniformen und Trachten von Appenzell, die nach den Druckverfahren der vergangenen drei Jahrhunderte hergestellt wurden. Appenzell 1971. (Aus: Innerrhoder Geschichtsfreund 1971, 16. Heft.)

Schefold, Max: Alte Ansichten aus Württemberg. 2 Bände, Stuttgart 1957.

Schefold, Max: Alte Ansichten aus Baden. 2 Bände, Weissenhorn 1971.

Schweizerisches Künstler-Lexikon, redigiert unter Mitwirkung von Fachgenossen von Carl Brun. 4 Bände, Frauenfeld 1905–1917. (Abgekürzt: SKL.)

Souvenir de Saint-Maurice et de ses Environs dans la haute Engadine. Siehe: Meyer (Meier), Johann Jakob.

Souvenir de la Suisse. Neuchâtel (Baumann Peters et Cie.) o. J. (vers 1835).

Thieme, Ulrich und Felix Becker: Allgemeines Lexikon der bildenden Künstler. 37 Bde., Leipzig 1907–1950. (Abgekürzt: Thieme-Becker.)

Verzeichniss der Kunstwerke, die ... auf Veranstaltung der Künstler-Gesellschaft in Zürich öffentlich ausgestellt worden. (Ausstellungskataloge Zürich, seit 1801.)

Der Wanderer in der Schweiz. 8 Jahrgänge, Basel (Maehly & Schabelitz) 1835–1842.

Weber, Bruno: Graubünden in alten Ansichten, Landschaftsporträts reisender Künstler vom 16. bis zum frühen 19. Jahrhundert. Chur 1984. (Schriftenreihe des Rätischen Museums Chur 29, 1984.)

Wüthrich, Lucas: Johann Jakob Sperli, Vater und Sohn, die Kupferstecher von Kilchberg. 15. Neujahrsblatt (der) Gemeinde Kilchberg ZH, 1974.

DANK DES VERFASSERS

Der Verfasser dankt herzlich Herrn Dr. Bruno Weber von der Zentralbibliothek Zürich für manche wertvolle Hinweise, ebenso Frau Brigitta Laube von der Firma August Laube in Zürich, dank deren weitreichenden Kenntnissen die Liste der Aquarelle bedeutend erweitert werden konnte. Ein ganz besonderer Dank gebührt Herrn Dr. med. René Felber und seiner Gattin in Kilchberg, ohne deren Einsatz dieses Werk nicht im Druck erschienen wäre. Für sein ständiges Interesse sei auch Herrn Theodor Spühler in Kilchberg gedankt, ebenso Herrn Jakob Zwicky von Gauen in Thalwil für Berichtigungen im Manuskript und Prof. Dr. Rudolf Wüthrich in Riehen für die Korrektur des Satzes. Zu grossem Dank verpflichtet ist der Autor der Schweizerischen Bankgesellschaft in Zürich, der Jubiläums-Stiftung der Schweizerischen Bankgesellschaft und deren Präsidenten, Herrn Dr. Robert Holzach, sowie Frau Dr. Verena Füllemann.

Zu danken hat der Autor auch den Besitzern von druckgraphischen Arbeiten und Aquarellen der beiden Sperli. Dass sie sich damit einverstanden erklärt haben, ihre Kunstwerke hier aufführen und abbilden zu lassen, trug wesentlich dazu bei, dass die Publikation in einer so anspruchsvollen Form erscheinen konnte.

Die vorliegende Monographie über
Johann Jakob Sperli, Vater und Sohn
wurde 1993 von der Jubiläums-Stiftung der Schweizerischen Bankgesellschaft
zum dreissigjährigen Bestehen herausgegeben

Gestaltung, Satz und Druck besorgte die Offizin Wolfau-Druck Rudolf Mühlemann in Weinfelden
Text und Bilder wurden auf fein weiss rein Hadern Rives Velin 160 gm^2
der Papierfabrik Biberist gedruckt
Die Photolithos sind von der Firma Reprotechnik in Kloten
Gebunden wurde das Buch von der Buchbinderei Burkhardt in Mönchaltorf

© 1993
Jubiläums-Stiftung der Schweizerischen Bankgesellschaft Zürich

ISBN 3-85809-083-2 A